季刊フォーラム

教育と文化

97

2019 Autumn

2019 Autumn
季刊フォーラム
教育と文化 97
もくじ

特集 民意ってなんだ!?

連載

はじめに

能力主義に翻弄され、「強い個人」であることを求められる時代。

自己責任が偏重され、すべての人の生の保障が軽んじられる社会。

そんな社会を「民意」が支えていると言われるけれど……。

でも、そもそも「民意」ってなんだろう？

選挙結果は「民意」の反映なのだろうか？

多くの人びとが自分たちを苦しめているはずの諸政策をそのまま引き受けてしまうのは、
どうしてなのか？

「だから投票に行って民意を示そう。

政治的な無関心は問題だから、主権者を育てる教育が大事になる」って、

事はそんなに単純じゃない。

教育総研では「民意」研究委員会（工藤宏司委員長、堅田香緒里、桜井智恵子、水岡俊一、
広瀬義徳、柳沢文昭）を設置し、
二〇一七～二〇一八年度の二年間月に一度の研究会が開かれ、
「政治的態度の剥奪状況」をキーワードに、議論と研究が深められてきた。
その成果は、二〇一九年に『「民意」研究委員会報告書～政治的態度のつくられ方の研究』
となってまとめられている。
本特集では、「民意」研究委員会があきらかにしたこと、
研究過程でおこなわれた議論から見えてきたことを読者のみなさんと共有したい。

「民意」
―― 何が問われなければならないか

2019年度教育総研研究交流集会「民意ってなんだ？」講演より

工藤宏司

くどう・こうじ

大阪府立大学人間社会システム科学研究科准教授。専門は社会学、社会問題論・逸脱論。著書に『「ひきこもり」への社会学的アプローチ―メディア・当事者・支援活動』（共著・ミネルヴァ書房）、『方法としての構築主義』（共著・勁草書房）など。

私たちの「政治」への向き合い方、そこで表明される意見や選択など「政治的態度」には、よく考えてみると、矛盾していたり、辻褄があわないように見えたりすることが含まれることがある。…この矛盾に見える状況を支える原理の説き明かしの必要性…それに立脚した新たな方向性を模索する――（※）議論を提示された「民意」研究委員会委員長・工藤宏司さんにお話しいただきました。

※『「民意」研究委員会報告書～政治的態度のつくられ方の研究』はじめにより抜粋

はじめに――社会学の観点から

私の研究における専門領域は社会学です。社会学は、さまざまな対象や現象を全て関係性の観点から見るという特徴をもっていると私は理解しています。その中でも私が最も長く考えてきたことは、「不登校」と「ひきこもり」についてですが、これはあくまでも具体的な入り口で、根っこにあるのは、社会的なさまざまな場面から撤退していく、降りていく人に対する関心です。それと同時に、実はこちらが主たる関心なのですが、「なんで私たちはそういう人たちを放っておけないんだろう？」ということが、長く考え続けていることの柱にあります。「不登校」なら、なぜ「学校に来なさい」と言わなければいけなくなるのかという問題。「ひきこもり」に関しては、たとえばさまざまな事件で容疑者とされると、「犯罪リスク」としてまなざされることによって、自由に家でのんびりゆっくり、とはいかなくなる。ただこれも本当は語弊のある言い方で、私が知っている「ひきこもり」をされている人で、家でのんびりしている人は少数派で、ほとんどの方たちは、非常に自己嫌悪を持って、苦しさの中におられる。だからこそ、彼らがなんでそれをするのかということと同時に、どうして彼らが苦しまなきゃいけないのか、何に苦しんでいるのかを考える必要がある。もっといえば、学校という場所に来ることが、あるいは、社会的なさまざまな場所に現れることがあたりまえのように考えられているというのは一体どういうことなのか。人間の特定の行為や状態を、その人の個人的な問題としてだけ考えてしまうと、いろいろなことが見えなくなるんじゃないかなと思っています。学校に来られないという状況の背後に、個人的なパーソナリティの問題ではない何かを見なければならないんだろうなということです。これが私が社会学という学問に惹かれた理由です。

このような社会学的な観点から、民意研究委員会の委員長として、二年間、関わらせていただいていました。幸い、私以外の五人の委員の方たちと、とても楽しく刺激的な議論をさせていただきました。

研究趣旨——二つの大事な問い

初めに、今回の研究委員会の趣旨文を紹介します。

民主主義や政治も経済も劣化させる政策を次々に繰り出すにも関わらず、安倍政権に対する支持率は高い。独裁は一人の政治家によって成し遂げられるものではなく、「民意」に支えられてこそ、その支配は揺るぎないものとなる。つまり、多くの人々が自分たちを苦しめているはずの諸政策をそのまま引き受けてしまうのはなぜなのか、問う必要がある。学校に限らず社会の隅々にまで張り巡らされた競争的環境によって明らかに苦しめられているにもかかわらず、その競争的価値の枠組み自体を問い直すことよりも、その価値を前提としてその中で成功しようとするのはなぜなのか。このような、いわば自発的に苦しい状況に従っていく動きをわたしたちはどのようなものとして捉えればよいのか。

この趣旨文の中には大事な点がいくつかあるかと思います。一つ目は「多くの人々が自分たちを苦しめているはずの諸政策をそのまま引き受けてしまうのはなぜなのか」。いろいろと批判もありながら、今も続いている安倍政権。支持率が高い状況で推移しています。最近の世論調査でも、各社によって違うのですが、おおむね四〇%から五〇%くらいの支持率を相変わらず保っています。しかし、その政権下で実現されてきたさまざまな政策が、必ずしも、現実的な問題を解消していない。貧困層の人が増えて格差が開いているというデータもある中で、それでも四割の人からは支持を受ける状況がある。これは単に騙されているとか、知識が足りないとか、そういう議論では片付けられないのではないか。それを多くの人が自発的に選び取っているとではないか。それがなぜなのかを問う必要があるのではないか。

二点目は、「競争的な価値の枠組みを問うということをしないのはなぜか」。たとえば貧困の問題。日本における生活保護の捕捉率（生活保護を受ける資格がある人で実際に受給できている人の割合）は二割に満たないとされています。この件に関連して思い起こすのは、大阪の釜ヶ崎という街のことです。この街には、かつて日雇い労働者で、今は高齢になって仕事を事実上リタイアし、生活保護を受給しながら、あるいは仲間たちとお互いに助け合いながら暮らしている方たちがおられます。私は年に何回か学生と一緒に、彼らと話をする機会があるのですが、多くの人は、「仕事をすることが私の誇りだ」と言います。「生活保護をもらったらもう終わりだと思う」ということをまじめな顔で言われます。彼らの中には、実際に住んでいる家がない、住所がない方もおられるわけです。その方たちも、そんな風に言う。それを見ると「家がない人は不真面目である」という一般的に流布されているホームレスのイメージとはかなり違う人たちに私には見えます。彼らは、自分がそうなっていることを、自分の責任として受け止めてしまう。つまり、生活保護を五人に一人しか受けられない状況を問うのではなくて、生活保護をもらうような状況になってしまった自分を責める。これは私にとっては、先ほどお伝えした「不登校」「ひきこもり」への状況認識や関心と全く

競争的な価値の枠組みを問うということをしないのはなぜか

同じものです。なぜこの人たちは、社会という枠組を、あるいは生活保護制度という制度を問うことはせずに、自分の問題として受け止めてしまうのか。

こうしたこれまでの関心もあり、委員会の研究趣旨の中では、この二か所が私にとって非常に興味深い点でしたし、参加してくださったほかの方たちとも、そこは共有していたと思います。こうした問いを念頭に置いて、二年間私たちが積み上げて、さまざま議論してきた話が、今日のお話のベースにあります。

実態がない「民意」

「民意ってなんだ?」というタイトルを念頭に置いて、初めに考えないといけないことは、研究対象としての『民意』をどのように捉えるのかという問題です。報告書の中で堅田香緒里さんが書かれていることですが、「民意」に

> 社会という枠組を、あるいは生活保護制度という制度を問うことはせずに、自分の問題として受け止めてしまうのか

は実態がありません。それは物質ではないわけですから、どこかに行けばあるとか、ふたを開けると出てくるとか、そういうものではないという難しさがあります。社会的な問題や事象は全てにおいてそういう性質があって、「民意」もその例外ではありません。そうした対象へ社会学はどうアプローチするかというと、たとえば私たちがその言葉をどういった使い方をしているのか、一般的な使用法としての「民意」について考えることがあります。

こうした例を挙げます。私の勤める大学がある大阪では、政令市としての大阪市廃止を前提とした「大阪都構想」をめぐり、政治的な議論が続いています。推進の中心におられる松井一郎大阪市長は、以前、メディアの批判をする中でこんなことを言っています。

「メディアが一斉に反対している。また民意頼みかと。でも彼らは沖縄については民意を大切にって言うんです」

これはどういう文脈でなされた発言かと言いますと、二〇一九年の五月二五日に、長く「大阪都構想」に反対していた公明党が、市長選と知事選のいずれも大阪維新の会が勝ったことを受けて対応を変え、両党で協力をしていくという記者会見をした際、そのあとの囲みの取材の中での

ものです。

〈メディアが一斉に反対している〉というのはつまり、メディアが都構想に反対している、とそういう意味です。メディアが〈また民意頼みかと〉というのは、松井さんが「私たちは民意に支持をされているんだ」ということをことあるごとに言っていることを受けています。そのうえで、〈沖縄については〉メディアは「民意頼み」といった言い方をしない、と松井さんは指摘する。あとでお話ししますが、二〇一九年二月に、沖縄県では、普天間飛行場の辺野古移設に関する県民投票で政府方針に反対という結論を出した。これに関しては、メディアは沖縄の「民意」を支持している。つまり、そこに矛盾があるということを松井さんは言いたいわけです。ただこの二つを矛盾と考えるには、そこで言われている「民意」を同じものであるとイメージしていなければなりません。しかし「大阪維新が民意によって支持をされている」は、いわゆる代議制の選挙に基づく「民意」で、「沖縄の民意を大切に」は、県民投票で、ワン・イシューに対して示された結論であるという明確な違いがあります。もうお気づきの方もおられると思うのですが、つまりこのふたつは手続きも、そこで「民意」と言われているものの中身も、異なるものと把握しなければいけない。しかし、こういう発言を見ると、私たちはしばしばそれを素直に、そのまま受け取ってしまう。もっと言えば、そこで言われている「民意」の概念がはらんでいる本当の意味やそれが示しているものの中身を検討せずに、何となくわかったような形で議論を進めてしまうと、こうした発言にリアリティを感じてしまうのだろうと思うわけです。

ただ、ふたつに共通している論点もあります。それは、「民意」とは、選挙あるいは投票の結果として示された人々の意思である、という考え方です。こうした理解は私たちが共通して持っているのではないかと思います。つまり、今の私たちの生きている社会における「民意は、「人々の集合的な意思」、つまり「我々の意思」と理解されていて、それを把握する手段として、代議制であれば選挙ですし、直接投票なら該当イシューへの投票によって意思を示す。そして最終的にはこれを多数決で決定する。そうした手続きが公認されているということです。

ちなみに「民意」が辞書的にどういうふうに言われているかを見ると、今の話を裏付けることになると思います。「国民の意思、人民の意思」（大辞林）。この場合、やはり問われるべきは、「国民」「人民」という概念。まさにそれは集合的な概念という言い方をしていいと思うんですが、これをどういうふうに捉えるかというのが、この「民意ってなんだ？」という問題を考える際の鍵になるかと思います。

松井さんの議論でいうと、前段の〈民意頼み〉、つまり彼らが大阪の選挙において支持をされているということに関して言えば、それは「大阪府民」であり「大阪市民」であり、さらに大きな国政ということになれば「国民」という概念になるわけですよね。一方、沖縄の住民投票に関していうと、これは「住民」です。実はこの両者は法体系、元にしている根拠法が違います。「住民」という概念は、地方自治法上の規定では、国籍は問いません。その地域に一定期間住んでいる人全てを「住民」と呼びます。これは、住民投票にあって国政選挙にはない特徴です。ここから、「我々」というものの中に誰が入るのか／入らないのかということとそれ自体、制度によってもたらされているということが、お分かりいただけるのではないかと思います。つまり、松井さんの発言の前段の〈民意〉と後段の〈民意〉は明らかに同義ではありません。違う「民意」を、彼は議論の中で同一視しているということになります。

投票の結果と「民意」のズレ

さて、話をもう少し進めるために、沖縄の住民投票の話を例として引きたいと思います。沖縄の人たちにとって長く大きな懸念としてある、宜野湾市の普天間飛行場を、名護市辺野古沖に移設することを問う県民投票のことです（正式名称は「辺野古米軍基地建設のための埋立ての賛否を問う県民投票」）。二〇一八年一〇月三一日に県民投票条例というこの投票を行うための条例が公布され、二〇一九年二月一四日告示、二四日に投開票されました。結果は、「移設に反対」とする票が、有効投票の七二・二％を占めました。当然、ここでは〝辺野古移設には反対が民意〞が、私たちの一般的な理解だと思います。しかし同時に、先ほど申し上げたこととも関わると思いますが、「それは本当に民意と言えるの？」という議論が登場します。そのように主張する人たちは、次のようなデータを根拠にします。まず二月一日の段階での沖縄県民投票の有資格者は一一五万人。沖縄県民の当時の人口は一四〇万人ちょっとですから、投票権のある人はその中の一部ということになります。さらに実際に投票した人の数は六〇万五三八五人、投票率は五三・四八％。無効票は三五〇〇弱で、反対に投じたのは、四〇万四二七三人です。これは有資格者の三七・六％にあたります。このように考えて、「明確に反対したのは四割もいないじゃないか」、「それを本当に民意と言っていいのか？」という主張がなされるわけです。

この結果をどうみるかについてとは別に、しかしここには重要な論点があると私は思います。先ほども言いましたが、私たちは投票の結果として選び取られたものを「民意」と考えがちなわけですけれども、その背後には、これだけたくさんの「潜在的な民意」、つまり、それぞれの意思があるということになります。

同様に、二〇一九年七月二一日投開票の参議院議員選挙に関しても取り上げておこうと思います。新聞等の報道でもありましたように、投票率が四八・八〇％と非常に低かった。特に、一八歳・一九歳の投票率は低くて、一九歳の方に至っては二八％でした。選挙区において、一番勝った自民党の獲得議席は、改選七四議席の三八議席。これは議席占有率でいうと五〇％を超えます。しかし絶対得票率（有権者の中での投票の獲得割合）でみると、実は一八・九％しか取っていない。比例区においても似たことが言えて、改選五〇議席のうちの一九議席、議席占有率が三八％なのですが、絶対得票率でみると、一六・七％になります。選挙区に比べて、比例区のほうが絶対得票率と議席占有率の開きが比較的小さいのは、選挙制度のしくみに基づく傾向なのですが、こうして見ると、実際の得票率と議席の占有のあいだにはこれだけの違いがあるということになります。政治の場面でさまざまな形で言われる「我々が民意を得た／得ない」という議論も、こうして具体的に砕いていくと、実はまだ考えるべきことがあるということが見えてくるのではないかと思います。報告書の中では、水岡俊一さんがそうしたことを扱ってくださっています。

住民投票がもつ意味

「住民投票」と呼ばれる投票にも種類があって、憲法に基づくもの、法律に基づくもの、地方自治体の条例制定に基づくものがあります。この条例制定に基づく住民投票が、近年、数が増えているタイプの住民投票の形です。ただ、憲法や法律に基づく住民投票には、結果に法的な拘束力がありますが、条例に基づく住民投票にはこれがないということがよく言われます。これについては異論もありますが、法律的にはそういう違いがあるわけですね。

しかし、地方自治体の条例制定による住民投票は、住民による直接請求により実施されるというより民主的な仕組みを持つといえます。住民の五〇分の一以上の署名があることで、自治体の首長に投票実施のための条例制定を請求することが可能です。実際に沖縄の住民投票ではこの手続きがとられました。

そしてもうひとつ、住民投票では投票権を持つ者を自由に設定することができます。しかも自由度の幅が広い。たとえば、永住外国人の方とか、未成年者に投票権を与えるということが、条例で決めれば可能になる。実際に、二〇一五年の二月、与那国町で実施された、「陸上自衛隊の沿岸監視部隊の配備についての政府決定に対する住民投票」では、有資格者の中に五人の永住外国人が含まれていました。それから、中学生以上の人にも投票権を与えました。該当者は九六人。当時の与那国町の投票有資格者数は一二七六人でしたから、合わせると一割弱の、従来の選挙なら投票権を持たなかった人たちが投票に加わったということになります。これはかなり大きな出来事かなと思うわけです。

こうして見ていくと、いわゆる選挙の結果であるとか、投票の結果として選び取られたものを、私たちは「民意」の全てと捉えてはいけないのではないか、という考えにつながります。以下、いくつかに分けて見てみましょう。

誰の意思が示されなかったのか

①　制度から除外された人たち

まず選挙あるいは投票には、それができる人、与えられる人と、できない、その権利そのものが与えられない人、つまりその制度から排除される人たちが必ずいます。これはメンバーシップの問題、制度設計をする段階で特定の人たちがそこに入れないという問題です。辺野古移設の県民投票に関していうと、投票有資格者は、二〇一九（平成三一）年二月一三日の時点、すなわち告示の前の日の時点で日本国籍を有している、満一八歳以上の人です。つまり、辺野古のケースは与那国のケースとは違っていて、そこに永住外国人の方は含まれていません。二〇一九年二月一日の段階での統計でいうと、永住外国人の方は沖縄県内に一万六六六四五人おられました。資格者全体の一一〇万人の数に比べ小さいと見ることもできるかもしれませんが、そうした人たちが投票権を与えられる可能性があったけれども排除された。また一八歳未満の人もそこには含まれていません。未成年者の人たちは、当時の人口でいうと、二八万一一〇五人です。こうした人たちがいわゆる制度の外側の人たちとして意思表示の機会を得なかった、ということが事実としてあるわけです。

②　投票はしたけれど少数派だった人たち

次に、投票はしたけれども少数派だった人たちがいます。

国政では、外国人は選挙権を持たないわけです。そうした人たちの考えていること、民意はどこに行くのか

あたりまえの話と言えばあたりまえの話ですが、投票したけれども、その意思が選挙の結果として選ばれなかった人たち、俗に「死票」と言われる票を投じた人がいます。とても大事なこととして、彼らは選挙あるいは投票の後も、その地域で、あるいはその国で、社会の一員として一緒に生きていく人たちです。多数決の中で自分の意見が通らなかった人たちが何を考えていたかということを、そのままほったらかしにしていいのか。やはりそうではないんじゃないかということを考えるべきです。

③　投票に行かなかった人たち

最後に、投票率を見るとすぐに思い浮かぶことですが、投票に行っていない人がいます。先ほど見たように、七月の参議院選挙は半数以上の人が投票に行っていないという事実があるわけですから、簡単に言えば投票で意思を示した人たちは、全体の中の半分に満たない人たちということになります。ただ、前出の二つは制度の中で必然的に起こる問題として考えることが可能ですが、この三つ目に関しては、「投票権を持っているんだから行きなさいよ」という意見が支配的かなと思うわけです。実際、選挙の時期になると、多くの場所で「選挙に行きましょう」ということが言われますし、行かない場合は、非難の対象になるということが起こる。投票しなかった結果は、何であっても、その人の「自分の選択」の結果であるがゆえに、それは自分の責任と理解されるわけです。こうした考えでは、私たちが意思表明を「自由」に行使できることを前提にしていて、そしてだからこそ「放棄」を問題としてみるわけですね。

しかし、ここにもやはり考えるべきことが含まれるのではないか。たとえば、自発的に投票を放棄する人、行かない人、その人たちが「投票をしない」という選択をするのはなぜなのか、ということを考えなければならない。「不登校」「ひきこもり」の話もよく似ています。学校に来ない人たちには、その人にとっての合理的な理由があることが圧倒的に多いという実感が私にはあります。これは長い間、さまざまな人にお話を聞いてきて感じていることです。もちろんそれを上手に言葉にできる人もいれば、もやもやしてうまくできない人もいるわけですけれど、当然もやもやしているからといってそれがないわけではないし、嘘になるわけでもないですよね。同じことが「投票行動」にも

言えるのではないかと思います。

基地か、生活か?——沖縄からみえてくるアジェンダセッティングの問題

報告書第五章で私自身が書かせていただいたことではあるのですが、この研究委員会で沖縄へ調査に訪れました。その中でクリアに見えてきたことのひとつが、沖縄の政治のシーン。沖縄の人たちは基地反対なんだろうな、というイメージが私たちにはあるし、実際そういう方も多いわけなのですが、これが実際の投票、国会や地方議会の議員を選ぶ選挙の中では必ずしも結果に反映されないわけです。その背景に、「基地反対」と「生活保障」が対置されてしまうという問題があるということがわかりました。基地の維持を選ぶと、それにまつわる経済的な恩恵があるということ、そうした「アメ」がぶら下がる状況がある。すると、基地に反対しながら、でもしっかり生活の保障をしろという ことが、非常に言いにくい状況になってしまう。これはつまりアジェンダセッティングの問題です。本来その二つを対置してどちらかを選びなさいという話ではないかもしれないことが、あたかも選択の問題として前に出されてしまうような状況。これを政治のシーンが、あるいは選挙でさまざまな政策の主張をする人たちが、前に出してしまうという状況が非常に強くあり、同時に土地の人たち、若い人たちも含めて、この対置を内面化されている状況があるように思いました。これはつまり、そこでなされる投票も、結局は、こうした「選択肢設定の政治」の結果として「選ばされている」可能性があるのではないか、ということです。

自発的に投票を放棄する人、行かない人、その人たちが「投票をしない」という選択をするのはなぜなのか

たとえばある人は「どっちも選べない」ということを言います。生活保障を選ぼうと思うと、自民党系の候補に投票することになりがちなんだけど、それは、今のさまざまな状況を考えるとしたくない。だけど、かといって基地反対のほうに入れてしまうと、それによって今ある程度下りてきているお金が止まってしまう。そうした可能性を念頭におかなければいけないとなると、選挙で自分の意思表示をしにくい、ということがある。

また、生活の中で政治の話を具体的に、率直にしにくいという声が、私が行く前に想像していたよりもずいぶんた

くさん聞かれたということが非常に印象に残っています。そういう意味で言えば、そこに行かない、つまり「投票から降りる」ということの背景には、そうしたアジェンダセッティングの問題が働いている可能性がある。自分が選べないような選択肢だけが前に出てきたときに、「それなら行かない」ということを選ぶ人が出てくるということでもあると思うわけです。実際、経済の問題が沖縄に関してはやはり大きくて、賃金の問題や世帯年収などは、本土と比べると、おおむね七割から七割五分くらいの間にずっと置かれている状況がある。これは沖縄が県として日本に統治されてからずっと変わらない状況です。要するに、経済的なしんどさがある中で、生活保障というものが、彼らが自分たちの生活を営むために非常に大きなものであって、その構造が、「基地反対」ではなく「生活」を選ばざるをえないという状況に置かれる人たちがいるということが見えてきた。さらに言えば、経済的な苦しさを自分が何とかしなければいけないと働く人たちは、自分や家族が生きていくために必要なことを優先する日々で、政治への関心が相対的に低くなる、と語る方たちもおられる。こうした状況があるということがやはり政治やそれに対する人々の意識の在り方を考える際に大事な論点なのではないかということが、今回のひとつの発見というか、気づきであったと思うわけです。

政治的態度の剥奪

そのように考えると、自発的に投票した結果として自分の意見が通った、多数派になった人たちの投票行動も、同じ枠の中で起きているわけですから、そこを考えなければいけないのではないか、ということになります。投票に行って多数派になった人たちは、自らの自発的な選択の結果がひとつの形になった人たちですから、おそらく私たちの多くはこの多数派――あえて嫌な言葉で言うと「勝ち組」――になった人たちのことについて何か問題を感じるということはないだろうと思います。しかし、冒頭にお示しした研究委員会の諮問文が示したのは、まさにこうした人々への関心です。つまり、結果的にしんどく見えるような選択をしてしまう背景に、いったい何があるのかという問題。たとえば沖縄においては生活の問題と基地の問題が対置されていずれか一方を選ばざるを得ないという形でこれが現れるわけですけど、そうした社会的なさまざまな状況の中で、自分たちが苦しめられるような選択をしなければいけない状況に追い込まれている可能性はないのか、ということです。私たちが問わなければいけないのは、この自発的

私たちが問わなければいけないのは、この自発的な選択を支えているしくみではないか

な選択を支えているしくみではないか。もっと言えば、そこでなされている意思表示は「自発的な選択」であると本当に言えるのか。問われるべきは「自発的な選択」を支える原理なのではないか。研究委員会で落ち着いたのは、政治的態度というものが、ある意味「剥奪」をされている、そういう状況に私たちは今、生きているのではないか、という社会認識でした。

もう少し説明が必要だと思います。意見を表明する、あるいは表明しない、といった自分が自発的にしていることを、私たちは通常「剥奪」とは捉えないと思います。たとえば先ほど触れた、制度から除外されている人たちは、まさに意思表明をする機会自体がないわけですから、そのような状況を「剥奪」と捉えるのは分かりやすい。しかし、実際に意見を表明できている人、あるいはそこから降りている人も、じつは「剥奪」されている状況に置かれていると考えることが可能なのではないか、ということ。しかし、私たちはふつうはそう考えないでしょう。

統治される私たちの意思

ここで、近年、社会学でよく参照される二人の議論を紹介します。ミシェル・フーコーというフランスの哲学者は、このようなことを言いました。近代から現代に国家が移行していくときに、民衆をどのように統治していくかというモードが変わってきている。かつて国家は、法であるとか言語、それから具体的な暴力などを用いた統治、つまり力をもって従わせるというやり方で統治を遂行した。しかし、近代になってくるとソフトな形の統治のモードに変わる。簡単に言えば、国家に疑問を持たない、そもそも抵抗しないようにあらかじめ「忖度」させていくというやり方で「パノプティコン自己統治」という言い方をしたりもするようです。「パノプティコン」は、もともとは「一望監視システム」といって、ジェレミー・ベンサムという功利主義哲学者が、最も効率的な囚人監視の方法として構想したものです。簡単にいうと、建物の真ん中に円塔があって、それを囲む形で独房を配置、円筒には監視員が置かれます。独房は一つ一つ区切られていて、囚人同士はコミュニケーションが取れない。ここでのポイントは、真ん中にいる監視員の姿が、まわりの人たち、つまり独房にいる囚

人たちには見えないという状況になっているということです。つまり自分がいつ監視されているかは囚人にはわからない。だけれども、監視されているかもしれないという不安感情だけは常に持ち続けることになる、というしくみです。授業等で、学生さんたちが、授業を聞いているふりで「内職」するということがあると思うんですけれども、彼らは教員が自分のほうを向いているかどうかをチェックしながら「内職」している。そこには自分が見られていない時間や安心できるスペースが確認されているわけです。ところが、パノプティコンはそうではない。実のところ監視されているか／いないかはわからない。そのことが常に監視されている可能性を念頭に置いておかなければいけない状況におかれている。極端に言えば、真ん中の塔に誰もいない可能性だってある。だけど見られているかもしれないという感覚はある。フーコーは、今の私たちが生きている世界の「統治」モードの比喩として、パノプティコンを用いたのです。今の私たちはもちろん実際の囚人ではないんですけれども、しかし、自分は常に誰かに見られている、誰かから監視をされているような感覚を持たされている。その中で、自分がどういう人間であらねばならないか、自分がどういう存在で今の社会を生きなければいけないかということに常に怯えて生きている。さらに、ここが大事だと思うのですが、常にそれを評価されるということに対して不安感を持っていなければいけない。実際に評価されるかどうかは関係ない。評価される可能性が常に念頭にあるということが、ここでは重要なポイントになります。実際にされるかどうかではなく、そうされるような世界であるかどうか、そのことが重要だということを、彼は言ったわけです。

また、コミュニケーションが取れないように独房が分断されていることも重要な比喩です。パノプティコンは物理的な分断で、われわれは必ずしもそうなっているわけではない。しかしたとえば競争や評価に基づく類型に基づいて精神的には相互に分断される状況がある。

つまり、社会の中で自分がどういう存在であるかを教えられ、分類され、お互いが競わされ、分断させられながら、同時に相互に監視しあうような状況があって、そうしたなかで、そこでした行為や自分自身が評価され、しばしば数値化・得点化される、そういう世界を私たちは生きているわけです。そうした中で私たちは、自分が自分自身を厳しく「統治」することになる、まさに「自律」する状況におかれている。

いま一人は、ニコラス・ローズという、フーコーの弟子筋に当たる人です。リベラル・デモクラシーが貫徹してくると、国家が暴力的な対応をすれば批判されることになるので、露骨な暴力による支配はよほどのことがなければできなくなる――今、香港で起きていることをみると必ずしもこうした方法は消えていないわけですが――、とローズは指摘します。むしろ、主体性統治のためには、個人の選択・願望・価値観・振る舞いというものに対して、直接的にああしなさいこうしなさいという介入ではなくて、「こういうことがいいんじゃない？」「こういうあなたであるととてもよいですよ」など、そこにさまざまなインセンティブをつけるということも含めて、一方で価値自体を作り出し、統制しながら「統治」をすすめる方法をとると彼は言います。ローズはその過程に、「心的なるものの科学」が非常に大きな役割を持っていることを、具体的な資料を用いて分析をしています。その主たるものは心理学や行動科学なのですが、当然、教育も無縁ではない。むしろこうした科学との接近をますます強くしている今の状況では、無縁ではないどころか、主体性統治の中心にあるものとして教育を考えなければいけないかもしれません。

私たちが自由に、自発的に何かを選択していると考えていても、フーコーやローズに言わせると、その「自律」を本当に自律と考えてよいのか、ということになるのです。つまり、私たちは、「こういうことがいい」「これはダメ」という価値の洪水の中に放り込まれている。その中で私たちは自分のあり方を、あるいは自分に対しての評価というものを、こうした価値から切り離す形で、自由に、自発的にできるような状況には置かれていない。だからローズはこんなふうに言います。「魂の自由は果たして自由なのか」と。違った言い方をすれば、私たちはつくられた自由を生きているのかもしれないということを、彼らは言うわけです。

「できない」ことの原理を問う

さて、そのように考えると、最後に出てくる問いは、この「剥奪されたもの」、自由で自発的な政治的態度をもう一度手に取り戻したい、ということでしょう。それをどのように手元に呼び戻すのか。ただこれに関しては正直にいうとまだ模索状態で、みえてないことのほうが多いかなと思います。一方で「その方向性はむしろまずいのでは」ということについてはある程度言えることがあるので、最後にその点について少しお話ししておきたいと思います。

いわゆる主権者教育、正しい政治教育をするということ、強く正しく自立的な個人、あるいは俗にいう「近代的な個人」を育てていくという方向。これらはいずれも「理想的な自分」を想定しがちですから、フーコーとローズが言った、洪水のような価値に私たち自身がはまりこんでしまうことを同時に懸念として持たなければいけないかもしれない、と思います。

しかもそこには、もうひとつ重要な時代背景があります。俗に言う「新自由主義」と呼ばれる状況が、今、日本社会を席巻していると思います。新自由主義の中にも「ロールバック型」と「ロールアウト型」という二種類の新自由主義の形があると、堅田さんから教えていただきました。ペックとティッケルというイギリスの経済地理学者による分類なのだそうです。もともと新自由主義というのは、国家介入をできるだけ小さくすることによって、競争を最大限スムーズに行えるような形をつくりだしていくという発想で、これがロールバック型新自由主義。それに対して近年はロールアウト型新自由主義のモードになっている。そこでは、政策的により積極的に自由市場がつくりだされる——この自由市場は本当に自由なのかどうかという問題は当然あるのですが——そういう状況に今、置かれているということで、日本は完全にこちらのモードだと思っています。つまり、お互いが競い合うことによって能力あるいは社会的な福利を最大化しようという効率モードが政治によって作り出され、かなり中心的になってきている。ロールアウト型新自由主義では、あらゆる人々がアクティブな市民となって能力を発揮、国家の肩代わりをすることが期待される。まさにフーコーやローズが言ったような形で、「自分のことは自分で」、「他人に迷惑をかけない」という言葉に象徴されるような態度がどんどん奨励されるわけです。

桜井智恵子さんの報告によると、今の社会は、「自己」を重視する。そこで重視される自己とは、先ほど言ったような自律的に自分をコントロールできるような自己、「主体化された自己」です。そのような自己がことあるごとに奨励され、そこにインセンティブが施されることなどによって、人々を統治していこうとする。当然もうお気づきだと思います。教育というのはそうした統治の前線にあるものだという言い方が、やはりできてしまいます。そこでは、「国に迷惑をかけない」「他者に迷惑をかけない」と、私たちが自立することが強く求められ、自立ができない人たちは、「なまけもの」「能力が低い」という言われ方をして、自らもその考えに追い込まれる。だから、「正しい教育をしていこう」「よりよい教育をしていこう」という形になってしまうと、むしろ剥奪の強化を招いてしまうと懸念しなければいけないのではないか。となると、学校教育の今のモードの中で私たちができることは、実は、非常に限られてくるかもしれない。

しかし、逆に言うと、そのモードから出る、あるいはそのモードの中に今あるものとは違う価値を発見していく、それを拾っていくということが、かなり重要になるかもしれないということは言えると思います。

まとめましょう。まず「民意」というのは、集合的な意思として、あえて言います、仮構されたものです。つまりこれは、静態的なものとしてあるのでなく、常に流動的なもので、その流動性の中にこそ実は実態があるという言い方をしてもいいかもしれません。仮に、全ての人が同じ意見や考えを持てた、一致した、と私たちが考える状況が現れたとしても、そのしくみの中にいない人たちを想定できる以上、それを「統一的な意思」とはやはり言えないだろうということです。メンバーシップの問題は大きい。

そして最後に、私たちの「民意」の在り方、政治的な意見表明や態度については、「私」や「個人」のレベルでだけ問うてはいけないのではないか、ということです。私たちが何かができない、何かから撤退する、何かをしたがらないということも含め、行為や選択の背景にある原理、それを方向付ける社会のあり方、あるいは関係性自体の持っているあり方ですね、そうしたものを問わないといけないのではないか。今日のお話では、そのことをいくつかの例を用いてお伝えできていたら、と願っています。

今日のお話のベースになっている研究委員会の報告書が二〇二〇年に書籍として刊行されますので、また手に取っていただいて、今日のお話と対照していただけると、理解をしていただけることは増えるかなと思います。またできたら、そうしたものをきっかけにして、ぜひさまざまな場で、みなさんの身近な人との間で、私たちが置かれているこの社会について、そこに生きている自分たちの「意思」の在り方について、率直な議論を積み上げ、それをまたこうした機会でみなさんと交換できたらと願っています。

「投票からの逃走」沈黙の民意に向き合う

～民意研の報告書を読んで

名古谷隆彦

なごや・たかひこ

共同通信記者。教育総研企画・編集会議委員。著書に『質問する、問い返す―主体的に学ぶということ』（岩波ジュニア新書）。共著に『大津中２いじめ自殺』（共同通信大阪社会部／ＰＨＰ新書）、『ルポ虐待の連鎖は止められるか』（共同通信「虐待」取材班／岩波ブックレット）など。

「私が投票するのはおこがましいと思うんですよね……」

二〇一五年に選挙権年齢を一八歳に引き下げる改正公職選挙法が成立し、翌二〇一六年の参議院議員選挙で初めて、一八歳の若者が国政選挙の投票に臨んだ。全国の高校では、本番を見据えて模擬投票などのいわゆる主権者教育が盛んに行われた。この選挙での一八歳の投票率五一．三％は、「主権者教育」を受けていない一九歳、二〇歳よりも高く、学校関係者の間では「現場の努力が投票率に結実した」と教育の成果として受け止められた。だが、二〇一七年の衆院選、二〇一九年の参院選になると、一八歳の投票率はそれぞれ四七．九％、三四．七％と下降し、一時の熱気は消え去ろうとしている。大人の低投票率を棚に上げ、若者の投票率に一喜一憂する風潮は事の本質をすり替えているようで、私は好きではない。ただ、有権者になった自らを若者がどう捉えているのかには興味があり、話を聞いて回ったことがある。その過程で耳にした彼ら彼女らが「投票に行かない論理」は、私には想像もできないもので、ちょっとした衝撃を受けた。

若者の中には「せっかく選挙権をもらったのだから、自覚を持って投票に行った」と話す者も少なからずいた。反対に「投票に行こうとは思わなかった」と率直に語る者もいた。「投票に行くのが面倒くさい」とか、「投票しても世の中が変わるとは思えない」など、大人と似たような棄権理由を述べる者もいた。ところが、少し分け入って話を聞くと、何人もの口から「私が投票するのはおこがましいと思うんですよね……」と、表現は異なるものの同じ趣旨の反応を耳にした。

「おこがましいってどういうことなの？」。正直に告白するが、私は直ちに意味を理解することができなかった。「政治を知らない自分なんかに、正しい投票はできないと思うんですよ」「間違った投票をしたら社会に迷惑が掛かるし」――。

若者は、どうやら政治への関心を失っているのではなさそうだ。社会は自分の一票では変わらないと諦めているわけでもない。なのに「私にはその資格も能力もないから」という理由で、選挙から降りてしまっている

一般的に私たちは選挙で投票に行かない人を「政治的無関心層」と分類し、ネガティブに評価しがちだ

「迷惑」というキーワードが出てきたあたりで、おぼろげながら話の輪郭が見えてきた。若者は、どうやら政治への関心を失っているのではなさそうだ。社会は自分の一票では変わらないと諦めているわけでもない。なのに「私にはその資格も能力もないから」という理由で、選挙から降りてしまっている。「間違ってはいけない」という生真面目さはストレートに伝わってきたが、それ以上はうまく言語化できないようだった。「投票からの逃走」。そんなフレーズがふと頭に浮かんだ。なぜ、一定数の若者が似通った思考様式を持つに至ったのか。もっと知りたいと思ったが、忙しさにかまけて、そのまま放置してしまっていた。再び私に考えるきっかけを与えてくれたのが、民意研究委員会が取りまとめた報告書だった。

　多様な学問領域を専門に持つ六人の研究者の論文で構成される報告書は、民意という形のないものをどう捉えればよいのか、さまざまな角度からアプローチを試みている。一般的に私たちは選挙で投票に行かない人を「政治的無関心層」と分類し、ネガティブに評価しがちだ。有効な意志表示の手段を自ら放棄しているとレッテルを貼り、「民意」を形作る因子としてはほとんど考慮をしていない。報告書はそうした常識に挑戦するように、「舞台から降りる」選択をする者たちは決して無関心なのではなく、実は政治的・主体的な選択の結果、棄権を選んでいるのではないか、と疑問を投げ掛ける。

棄権という行為の背後にあるかもしれないもの

　もし「投票したい候補者が誰もいないから棄権する」と嘆く知人が周囲にいたら、私なら「少しでもましな候補者に投票してはどうか」と説得するかもしれな

「民意とは何か」を考えることと、「投票するのはおこがましい」と語る若者に思いを巡らせることは、実は同じコインの表裏なのではないか

い。しかし、その人が「少しでもまし」を選択できない生活環境に置かれているとしたら？　その結果、投票する気力まで奪われているとしたら？　棄権という行為の背後にあるかもしれないもの――報告書は「個々人の問題」と切り捨てず、社会的背景も含めた「なぜ」に手を伸ばそうとしている。同時に、投票を通じて意思表示をする人たちは、本当に主体的で自由な選択をしているのだろうか、と裏返しの問いも投げ掛ける。「民意とは何か」を考えることと、「投票するのはおこがましい」と語る若者に思いを巡らせることは、実は同じコインの表裏なのではないか。自分自身の関心に重ね合わせながら、報告書を読み進めた。

　報告書の冒頭でも述べられているように、筆者たちの問題意識は「政治的態度の作られ方」という点に集約されている。政治への向き合い方や意見表明、投票行動といった「政治的態度」は、必ずしも個人の意志や信条のみに基づく首尾一貫したものではない。社会との関わりの中で矛盾を抱え、折り合いをつけながら形作られていく。とは言え、矛盾を内包した状態は人間にとって本来居心地のよいものではない。限界を超えれば、不条理の存在を否認し、自分を守ろうとする防衛本能が働くはずだ。

　研究委員会は、矛盾のありかに目を凝らし、人々に矛盾を受け入れさせる原理とは何かを解き明かそうと、それぞれの専門分野を足がかりに、多様な議論の素材を提供している。誰かが「民意とは」と言い募るとき、それは常に少数者の声をかき消す暴力と共にあるのではないか。現状に不満を感じているのに、若者たちは社会の問題解決に参画する経験や知を奪われており、その推進役となっているのは、実は学校教育そのものではないのか。個人化された能力を基盤とし、その延長に構想される「シティズンシップ教育」は、果たして現

状を変える力を持ちうるのか。選挙や住民投票の結果はあくまで一つの結果であり、「民意」と決めつけてはならないのではないか。政治報道は、有力議員や首相など、本来は主権者でないものの意向や言動ばかりを語ってはいないだろうか……。そう、一枚岩の民意などそもそも存在はしないのだ。

　中でも沖縄を舞台にした工藤宏司氏の論文「沖縄『沈黙の民意』を生み出すもの」は、有権者の声を数多く紹介することで、この難しい問題への足がかりを読者に用意している。「子どもに不自由させたくないけど、選挙で生活が変わるかな。何かのせいで自分がこうなっているとも思わないし」。冒頭に登場する一八歳の母親の言葉は、政治的態度がどのように剥奪されていくのかを暗示しているようで印象的だ[※1]。沖縄における選挙の争点が「経済振興か基地反対か」という二者択一に落とし込まれ、あたかも唯一の対立軸であるかのように提示されるさまを、工藤氏は「問題設定をめぐる政治」と規定する。

「（反対運動に）賛成であっても、がんばれる人におまかせ、となる。時間は有限。生きていかないといけない」（四〇代女性）。投票する際、基地に反対するか、それとも生活保障を得たいかという選択を迫られ、生きることを優先せざるを得ない現実が、具体例とともに語られる。さまざまなバックグラウンドを持ちながら沖縄で生きる一〇人の市民へのインタビューや座談会を下敷きに、反基地運動へのカウンターとして一定の力を持つようになった「反・反基地運動」や、二〇一八年の県知事選に焦点を当て、「政治的無関心」の実像に迫っていく。

若者の奥底にある本音に耳を澄ます

私たちはともすれば、物事をシンプルな枠組みに置き換え、納得したい誘惑に駆られる。「民意」についても同じだ

民意を語りたければ、積極的に沈黙を選ぶ者たちの背後に何が横たわっているのか、常に想像力を働かせなければならない

沖縄の市民ひとりひとりの思考の道筋をたどると、本土の人間が抱くイメージが、いかにステレオタイプであるかを突きつけられる。例えば、沖縄県知事選の際に経済振興を前面に押し出す候補者の支持者を「お金になびく人」と批判する住民が例示される。沖縄の外にいると、安易に共鳴してしまいそうな話だが、沖縄のある四〇代の男性は日々の生活に追われる中でなされる選択に理解を示し、「無知」や「無関心」とレッテルを貼って蔑む「リベラルな人たち」に違和感を抱く。一方、二〇代の男性は、沖縄では反基地運動がある種のエスタブリッシュメントであり、権力となっている現実に反発を感じながら、それでも単純に「反・反基地」派には共感できない複雑な胸の内を明かす。「沖縄の若い人の感覚は、反・反基地だと思うけど､それは『基地の容認』とは違う。基地問題の中身が問題なのではない」「米兵にもいい人はいますよ、と言いたくなる空気がある。本気で思っているというよりは、全体として、政治的中立性を取ろうと、バランスを取ろうとしているのではないかと思う」。こうした語りの中に、工藤氏は、若者の奥底にある「沖縄に基地はいらない」という本音と、一方的に基地を悪者と決めつける「リベラルな人たち」へのいらだちの相克を見て取る。そして「彼らにとっての『沈黙』は『エスタブリッシュメント』に対する明確な抵抗であり、一つの戦略なのである。彼らが無関心に見えるのは、（このような）葛藤に目を向けないからだ」と結論づける。

　私たちはともすれば、物事をシンプルな枠組みに置き換え、納得したい誘惑に駆られる。「民意」についても同じだ。しかし、民意を語りたければ、積極的に沈黙を選ぶ者たちの背後に何が横たわっているのか、常に想像力を働かせなければならない。「日々生きることで精いっぱい」という差し迫った現実に直面している人がいる。先人たちが築いてきた平和運動の歴史や反基地運動という「正しさ」を前にして、自分には基地や沖縄の民意について語る資格があるのか、と逡巡する沖縄

の若者がいる。

　転じて、本土の若者たちを「投票するのはおこがましい」と沈黙させるものの正体とは何なのか。「迷惑をかけてはならない」という〝奥ゆかしさ〟はどんな民意を利することにつながっているのか。語られない声にあらためて耳を澄まさなければならない。

※1　朝日新聞「沖縄２０１８@貧困　18歳母　自立求め夜の店へ」（二〇一八年九月二二日）

民意研での議論を振り返って

――「わたし」をより自由に、より豊穣にする「わたしたち」の対話――

柳沢文昭

やなぎさわ・ふみあき

盛岡大学文学部名誉教授。専門はフランス文学。訳書に『対訳フランス語で読もう「異邦人」』（著者アルベール・カミュ／第三書房）など。

さて、このような標題で何を書いたらよいのだろう？　と言うのも、民意研での議論の推移と到達点は、報告書の「序章」で工藤さんが過不足なく説明して下さったからだ。いや、それ以上だろう。「序章」のゲラ刷りを読んで、ぼくは自分の担当分を、その「各章紹介」にもっとよく沿う形に書き直したくなったくらいだから。本当に、何を書いたらよいのだろう？　選択肢は一つしかなさそうだ。工藤さんが包括的な視点で客観的に書いて下さったあと、できるのは個別的な視点で主観的に書くこと、つまり自分の担当分（報告書第三章「政治的態度の剥奪」以下ぼくの報告書）について、それがどのようにして今のような内容に定着したかを執筆者の立場からお話しすることくらいだ。

民意研の探求は、「民意」とはよく分からないものだという漠たる印象、つまり「民意」の曖昧さとの出会いから始まった。この印象が何に由来するかも「序章」が明らかにしている。それは、選挙や住民投票で「民意」と認められる声は実質的に多数ではないのに、少数票は切り捨てられ、おまけにそこから制度的に排除される人々もいるという事実。さらに、そのようなシステムを受け入れて票を投じた者は主体的に選択し、棄権した者はそうではなかったと必ずしも言い切れないという事実だ。つまりこの印象において洞察されていたのは、投票制度の不合理や「民主的」社会の不公平、そしてその社会を構成する人々の政治意識の不確かさだった。

もちろん以上の問題点は委員たちの意見交換を通じて徐々に明確化したのだが、潜在的には当初から誰もがある程度、認識していた。例えば、ぼくのつけていた『民意研ノート』のごく初めのほうのページにも、「政治的意志の表明にあたっては、権力側が、体制側が、あるいはそれらとつながっているメディアなどが用意した回路は拒否しなくてはいけない」とか、「民意とは、まず世論調査の結果ではない。[…]民意は常に調査、統計、分析のむこう側にある」といったメモが見られる。これは「集計」が作り出す「民意」への不信を表明したものだ。ここに「選挙」への言及はない。この時点で、ぼくはまだ選挙での投票を「主体的選択」と見なしていたのだろう。

政治的態度剥奪の要因

「民意」の曖昧さが示唆した政治意識の不確かさを、民意研では特に政治的態度の剥奪状況と呼んだ。ぼくはそれを報告書のテーマとした。委員会趣旨文の、「多くの人々が自分たちを苦しめているはずの諸施策をそのまま引き受けてしまうのはなぜなのか」という一節において問題化された現象は、すでに政治的態度剥奪の一つの例であり、その限りで、これは民意研の設置意義あるいは存在意義を担うテーマだ。アプローチのための視点設定の際には、この一節をインスパイアしたと思われる、エティエンヌ・ド・ラ・ボエシの『自発的隷従論』が導きの糸となった。『随想録』の著者モンテーニュの親友として知られるこの一六世紀の思想家は、夭逝したため、ほぼ、この一冊の著書しか残さなかったが、そこで彼は、民衆が「みずから悲惨な境遇を受け入れるどころか、進んでそれを求めている」(※1)状況に注目した。そしてこの、委員会趣旨文と同様の現状認識あるいは疑問から、彼は天才的な洞察を引き出す。それは、人間は本来、自由であるにもかかわらず、自ら隷従を選び、自由を棄てるというものだ。自由な意志は政治的態度の本質だ。ところが人は、どうやら自発的にそれを棄てるらしい。ぼくは、政治的態度の剥奪の要因を政治的態度の本質である自由そのものに求めようと考えた。こうしてぼくの報告書は、まず自由の問題にページを割くことになった。そし

「自由な選択」が「隷従」を覆い隠すので、人は自分は自由だと信じつつ隷従する。あるいは、主体的に考え、行動していると思い込みながらコントロールされる

て、ラ・ボエシの主張から出発して、それを補完し、裏づける二〇世紀の思想家の自由論を援用しながら、自由は自らを忌避し、まったく自由に隷従を選択するという、その逆説的な性格を呈示した。「自由な選択」が「隷従」を覆い隠すので、人は自分は自由だと信じつつ隷従する。あるいは、主体的に考え、行動していると思い込みながらコントロールされる。民意研では、「強い主体」幻想への警戒が繰り返し語られ、「《主体的選択》をしている人々の《主体性》」の危うさがたびたび問題視された。ぼくの報告書はここで、そのような危惧を自由論の立場から正当化できたと思う。それに、そもそも自由は勝手気儘や放恣《ほうし》の謂《いい》ではなく、「新しい何かをもたらすこと」、「絶対的始まり」(※2)を起動することだ。これは人間の尺度を超える機能であり、人間には重荷でしかない。このことが自由の忌避を助長し、政治的態度剥奪を進んで受け入れさせる。政治的態度は自由それ自体によって奪われる……。

ここでこの報告書を締め括るという手もあった。自由が生命を吹き込む政治的態度が自由の逆説的性格によって潰《つい》えるという結論はなかなか気が利いている。だが、民意研で共有しつつあったいくつかの問題意識が、そこで満足することをぼくに禁じた。このままでは、まず、夏の研究交流集会での工藤さんの講演レジュメでも言及されている「《民》の一員としての《わたし》」、同胞たちに交じった「わたし」を視野に捉えていない。今のところ姿を見せているのは、自分の自由に翻弄される個人、「わたし」において自由である「わたし」だけだ。また、「序章」で触れられている、「自由な意志決定」に潜む可能性のある「外在的な原理」も取り逃がしている。自発的隷従は、自由それ自体によって惹き起こされる自家中毒的現象だった。さて、どうすべきか? 「民」の一員となるには、「わたし」は「わたし」の外へ脱出するしかないが、そのとき「わたし」と自由との関係はどうな

> 「わたしたち」の政治共同体は「民主的」と形容される制度・慣習を有する。だが、それが実は「自由な意志決定」を歪め、骨抜きにし、政治的態度の剥奪を招く「外在的原理」として作用する

るのか？　自由は失われるのか？　政治的態度とともに。

この苦境から救ってくれたのは、ふと思い出したサルトルの言葉だった。彼は、人間は皆、平等に、無限に自由であるという確信に基づき、「普通選挙の根拠は、普遍的に行き渡っている、ノンあるいはウイを表明するこの能力以外のものには求められないだろう」(※3)と言う。「わたし」は自分の自由を引き受けるや否や、その普遍性ゆえに、「わたしたち」つまり普通選挙に基礎を置く政治共同体を構成する「民」の一員となる。自由それ自体が「わたし」を「わたし」の外へ連れ出し、「わたしたち」のあいだに置く。そして、「わたしたち」の政治共同体は「民主的」と形容される制度・慣習を有する。だが、それが実は「自由な意志決定」を歪め、骨抜きにし、政治的態度の剥奪を招く「外在的原理」として作用する。この報告書では特に、「わたしたち」の政治的アイデンティティーの両義性、「わたし」の意志と「わたしたち」の意志とのあいだの原理的乖離、選挙が押しつける紛いものの自由という三つの要因を取り上げた。詳しくは報告書をお読みいただきたい。

「わたし」の自由を増幅する「わたしたち」

今の例でも分かるように、民意研の同僚たちとの議論や対話を通じて共有するに至ったいくつかの基本的認識はしばしば、ぼくの報告書に予期せぬ視界を開いてくれた。また、定例会での中間報告に寄せられた個別の感想もたびたび、下書きに反省を加えつつ思索を深め、軌道修正し、さらなる一歩を踏み出す契機となった。いくつかの例を『民意研ノート』から拾い出してみよう。例えば、「人間一般が、《彼》という一方的なジェンダーにおいてのみ示されている」という指摘があった。

「わたし」の自由が「わたしたち」を構成し、それと同時に「わたしたち」は「わたし」の自由を拡大する

これはぼくが、言語に内在する差別、つまりフランス語では「人間」を意味する名詞(homme)は男性名詞で、同時に「男」を意味するという事態に常に同意して来た結果だが、この差別への同意は、人間の半数だけが人間であると宣言すること、即ち、自由の普遍性を否定すること、ひいては、それに発する「普通選挙に基づく民主主義社会」を否認することに行き着く。また、「民主的諸制度の欠陥を指摘してはいるが、そのシステム全体はアプリオリに受け入れている」という批判もあった。これは、民主主義というシステムの受け入れも、他の諸々の決断と同様、我々の自由な意志行為によるもので、その限りで、それとは別の選択もあったし、いまだにあり得ると考える機会となった。さらに、ぼくの報告書の「まとめ」の部分を検討しているときに、「ラ・ボエシに触発された報告書なのだから、ラ・ボエシの痛々しいほどの自由への執着で締め括るべき」という意見があった。これは、人間が完全に自由であったとラ・ボエシが考える「自然の状態」についてのかなり独自と思われる解釈のヒントとなった。その「痛々しさ」を伝えることは、ぼくの力不足でできなかったが。

こうして、同僚たちとの意見交換はぼくの報告書を、構想の初期の段階では予想もしていなかった地点へ導いた。それは、ぼくをぼく自身の枠から、つまり自分自身による拘束から解放し、発想においてより自由にしてくれたということだ。ところで、「わたし」の自由はその普遍性により「わたしたち」を構成するのだが、これを政治的次元にのみ有効な真実と考える必要はないだろう。人間のあらゆる行為を可能にするのは自由だからだ。思惟行為、表現行為においてもこの真実は有効だ。何よりも民意研がその実例だ。メンバーの一人ひとりの「わたし」が自由に考え、発言するからこそ、「わたしたち民意研」は成立した。そして今、見たように、「民意研のわたしたち」の対話は、ぼくをより自由に、より豊穣に

した。ここで一つの仮説を立てることができる。即ち、「わたしたち」はその根拠である「わたし」の自由を増幅する。この仮説が正しければ、「わたし」と「わたしたち」は非常に好もしい循環を形成していることになる。そこでは、「わたし」の自由が「わたしたち」を構成し、それと同時に「わたしたち」は「わたし」の自由を拡大する。その結果、その拡大された「わたし」の自由が「わたしたち」を一層、実体あるものにするのだ。

※1　エティエンヌ・ド・ラ・ボエシ『自発的隷従論』山上浩嗣訳、筑摩書房、2012年、18頁

※2　*ARENDT, Hannah: The Life of the Mind, Two/Willing, A Harvest Book-Harcourt Inc., 1981, p.7, p.29*

※3　*SARTRE, Jean-Paul: Situations philosophiques, Gallimard, 1998, p.65*

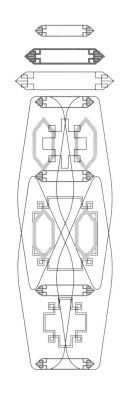

座談会

声を発すること、逸脱をサポートすること

――政治的態度のつくられ方から考えた、わたしたちのゆくえ――

堅田香緒里×桜井智恵子×広瀬義徳

かただ・かおり
法政大学社会学部准教授。専門は社会福祉学。共著『お金のために働く必要がなくなったら、何をしますか?』（光文社新書）、『ベーシックインカムとジェンダー』（現代書館）、『主権者はつくられる』（アドバンテージサーバー）など。

さくらい・ちえこ
関西学院大学人間福祉学部・人間福祉研究科教授。専門は教育社会学、思想史。著書『子どもの声を社会へ』（岩波新書）、『市民社会の家庭教育』（信山社）、編著『主権者はつくられる』（アドバンテージサーバー）、『戦争への終止符』（法律文化社）など。

ひろせ・よしのり
関西大学文学部教授。専門は教育学、教育行政学、教育制度学。編著『揺らぐ主体／問われる社会』（インパクト出版）、共著『公教育の市場化・産業化を超えて』（八月書館）など。

「民意」研究委員会が問うた政治的態度の剥奪状況は、日本の学校教育制度のあり方と深くかかわる問題であった。三人の研究委員のみなさんに、政治的態度のつくられ方と学校教育、社会を問い直すための視点やわたしたちにできることについて語りあっていただいた。

I

なぜ、政治的態度の剥奪状況を問うたのか？

堅田　「民意」研究委員会では、政治的態度の剥奪状況という問いの立て方をして研究を進めてきました。
　そもそも「民意」って実体がない上に、一枚岩の「民意」なんてものはない。「民意」というものは、常に何らかの代理指標で、暫定的に示されるものでしかない。この実体のない民意なるものを追いかけるよりも、政治的態度の剥奪状況について研究を深めようという議論になっていきました。最初にこのあたりのことから振り返ってみたいと思います。

広瀬　研究委員会のなかで「民意」に実体がないという議論が、どんなふうにして起こってきたか。誰でも同じ結論に到達できる「民意」みたいなものが常にあるかのようにされて、それがあるので「自分たちは権力をふるえる」とか、「財の配分を勝手に決めていい」とする根拠に、言葉として使われちゃう状況があることに対して、そんなの実体はないんじゃないかというところから始まったかなと思います。報道等でも使われる「民意」ってだいたい、ツールによって操作された結果としての数値が、民意そのものみたいに言われるけれど、一般意思（個人の意思とは区別される、国家や共同体の成員である人びとが総体としてもつ意思）みたいなものが純粋にあると仮定しても、それ自体を忠実につかむなんてことはまあ不可能なことですよね。だから、そういう意味でも実体として存在しない「民意」それ自体をつきつめて、どうなっているんだろうかということを議論するよりも、「民意」というものがつくられて政治に利用される状況、言い換えるとその政治に向かう構えみたいなものがしんどくなってる状況があるので、その由来がなんなのかということについて考えるという方向になったのかなと、僕は理解してるんです。

堅田　そうでしたね。

広瀬　「政治的態度の剥奪状況」というのは、桜井さんから出てきた言葉だったと思うのですが、桜井さんはそこにどんな意味を込めて、使われたんですか？

桜井　じつはいま、剥奪って言葉でよかったのかなと思うところがあって、政治的態度があったのだろうかということを思ったりしています。剥奪っていうのは、ある意味政治的態度があって剥奪されるわけですよね。そのあたりについてはどう思われますか？

堅田　そもそも政治的態度があったのかという問いですね。剥奪っていうのは、実在が前提だから。

桜井　「民意」研究委員会で議論したときは、政治的態度はいわゆる、選挙的態度ではなくて、ごみの話ひとつとっても、日々の暮らしのことに対しても政治的態度だということだったので、そういう広い意味だったらアリかな、ということになったのだったかなと思うのですが。

堅田　選挙に象徴されるような、いわゆる政党政治を前提とした狭義の政治ではなくて、日常生活の政治っていうものも大事だよねっていうのは、研究委員会の中で合意が取れていましたね。

盗む、ぼーっとするという政治的態度

編集部　あの、そもそも政治というのをどういうものというふうに捉えたらいいんでしょうか？　政治が、国会で行われてるような選挙して選ばれた人たちがなんか話し合ってるみたいなことだけを言うのではないってことはわかるんですけど、それだけじゃない政治って、何なのかというのがちょっとおぼつかないです。

堅田　政党政治だけが政治じゃないということはよく言われることだと思うんです。街頭で、路上で、たとえばデモをするとか、署名活動をするという行為も政治なんだ、と。確かにそれも政治なのだけれど、もっともっと、たとえば、盗みをするとか、ぼーっとするとか、そういうこともひとつの政治なんじゃないかなって思うんです。

　政治的態度みたいなものが成立しうるのかということは考えられるというか、政治って、それ自体自明なものじゃないとすると、何が政治かっていうことをこちらが勝手にアジェンダセッティングできないのではないか、と。デモしてるから政治的だっていうことは、投票に行ったから政治的だっていうことと同じくらい意味のない言明かもしれなくて。

　日常生活の政治というときには、ちょっと盗んじゃうとか、何もしないでぼーっとしてるってことも含めて、むしろ政治的と言えるんじゃないかな、と思います。

　とくに私有をよしとする資本主義社会においては、盗むという行為はとても政治的な行為になり得ますよね。効率的に働くこと、アクティブであることがよしとされる社会では、何もしないでぼーっとすることも、政治性を帯びるでしょう。だから、どのような行為や態度が「政治的態度」と言えるのか、という問いに答えるのは難しいように思います。

広瀬　きっと政治学の世界でも「政治とは何か」についてずっと定義論争みたいなことは行われているんだと思うんですけど、究極的な定義はない。そうだとし

て、ひとまず今の話を受けて、僕なりにどんなことをこの研究委員会で考えていたかというと、私たちの生活を左右するような権力とか価値をめぐる、人と人の関係のあり方とか、財の配分の一種の秩序のつくられ方みたいなもの、これが政治の姿として僕たちが考えようとしていたことかなと思います。

秩序のつくられ方に、もちろん対立もあったり、葛藤もあったり、躊躇もあったりするということも含めて、そこをちゃんと見ようと。それは決して、選挙のときだけに現れるものではない。そういう広がりをもったものとして政治を捉えるのがリアルなんじゃないかというふうに理解はしたんですけど。

堅田　秩序が政治というのは、それはヘゲモニー論争的な話でしょうか？

広瀬　そうですね。そういうふうに理解していますよね。

編集部　話が戻ってしまうのですが、盗みをすることが政治的ということについて、もう少しくわしく聞かせてほしいです。

桜井　犯罪社会学などもそうですが、フーコーも、犯罪は下からのクーデターであると言ったんですね。それは、奪われていることや、不条理なことに関して、犯罪、かっこつきの「犯罪」を起こすから。たとえば、かつてはみんなで持っていた森林を、所有権をかざしてリッチな人がぶんどってしまった、そのぶんどったリッチな人から奪った人は犯罪者だというふうにされて近代というものがつくられてきた。そういう状況に対して、アンチを突きつけたり、取り返すということは、今さまざまな場所で起こっています。学校の中でも、それを「犯罪」とは言わないけれど、髪の毛を真っ金にして表現するとか、学校に行かないという行動が起きている。反抗とか、いわゆる大きな秩序に対する表現という意味で政治的であるという、そういう議論ですね。

編集部　なるほど。

堅田　盗むっていうのは、もっとダイレクトに、資本主義に反対するメッセージだと言えるかもしれません。私的所有に

ぼーっとするとか降りるということがより政治的になってきているのは、ぼーっとしちゃいけない、降りちゃいけない、という状況が強くなっているから――桜井

対するアンチ。

編集部　私的所有に対する、アンチ？

堅田　だって、それが誰かの私有物であるということが成立しない限り、盗みっていう概念は成り立たないんだから、誰かのものでない限り盗めないですよね。だから、ほんとうはみんなのものを誰かが勝手に私有化しているということを、白日の下にさらすために盗んでいるというか、白日の下にさらす効果があると思うんですよね。スクウォッティング（占拠）とかもそうだと思いますが、土地なんて本来みんなのものなのに、私有化されているから「不法占拠」と言われてしまう。法と秩序が支配階級に利するものだとすると、「不法」に占拠するというのは、まさにそういう秩序、法の支配を否定する行為ですよね。それってすごく政治的だと思います。

　また、そういう積極的なものだけじゃなくて、ただ、ぼーっとするとか、降りるっていう表現はあんまり好きじゃないですけど、そういうやや消極的にみえる行為もまた政治的であり得る。

桜井　ぼーっとするとか降りるということがより政治的になってきているのは、ぼーっとしちゃいけない、降りちゃいけない、という状況が強くなっているから。今となっては、ぼーっとするってことがすごく大きな政治的な表現になってるわけですよね。

リベラリズム、新自由主義の政治と主体性を形成する教育

堅田　一方で、「社会運動盛り上がってるよね」と言われることもあるじゃないですか。日本でも、SEALDsとか、特に若い人たちの運動が盛り上がってきたと言われたりしていましたけれど、そうじゃない政治も大事だな、と思います。

広瀬　うん。

桜井　それって、たぶんリベラリズムの政治が盛り上がってるということなんですけど、リベラリズムって言ったら、封建時代から能力でいくらでも自由に自分の行きたいところに階層移動ができるということで生み出されて、それが現在の教育制度につながっている。そのリベラリズムの変種形が新自由主義です。だから、教育はすごく今回の研究にかかわってくるのだろうと思います。

堅田　それで言うと、桜井さんと広瀬さんは、学校という場が、社会にとっての理想的な主体みたいなものをどういうふうに実現しようとしてきたかっていう問

いに向き合い続けているんですよね。
　桜井さんは、主体性というものが、学校教育の中で一貫して積極的に形成されてきたことの問題について論じていらっしゃいました。「主権者教育」なんてことが言われるずっと前から、学校では主体性を形成するということを実はやってきたんだ、と。そこで形成される主体なるものは、それこそ政治的態度が剥奪された状態なんじゃないか、そういう状態が長い時間をかけてずーっとつくられてきたんだ、ということを明らかにされました。
　広瀬さんは、「政治的中立性」という概念が、学校の先生たちや学生・生徒を規制しているというよりも、むしろ「自粛」を招いている、ということの問題を、論じていらっしゃいました。つまり、教育の中の主体化の問題を二人とも論じていた、そのことが今、新自由主義的な文脈の中で特に重要になってきていると思います。

「能力に応じて」という文言はあっても、「必要に応じて」はなかったことにされてしまった——桜井

桜井　そういう意味では、今、憲法改正の議論がかまびすしいですが、憲法自体も、憲法の双子の法律である教育基本法も個人の完成を謳っているように、自分で頑張るという思想が隠れています。だから、「能力に応じて」という文言はあっても、「必要に応じて」はなかったことにされてしまった。そのため、近世からあった主体で頑張れという考え方が強くなって、その後、マンパワー政策でより主体に焦点が置かれるようになりました。この主体化というのは教育政策で常に出てくる言葉なのだけれど、一九八〇年代頃から教育政策以上に現場の側の「主体的でなければ」という考え方がきつくなってしまって、さらに市民社会の側にも、「そうだよね、自己責任だよね」、「自分たちで自立しなきゃね」という意識が広がってしまった。昔は日本株式会社って言ったんだけど、それが見事に包括されて動いてるのが、世界の中でも突出した今の日本の状況ですよね。主体化というのは資本とか、スーパーリッチに非常に都合のいい形でつくられて、それをリードしてるのが教育政策というわかりやすい構造になってるかなという話です。

堅田　分配の原則をめぐっては、能力に応じた分配か、必要に応じた分配か、ということはよく論じられるのですが、でも教育の場合、教育という営みのもとも

との性質上、主体に働きかけるものだから、「能力に応じて」という原則にわりと親和的なんじゃないかと思っているんです。

だから問題は、むしろ桜井さんが後半で話していらしたようなことじゃないかと考えています。福祉の分野では、もともと「必要に応じて」分配することのほうが理にかなっていると思うんです。だって福祉って、「能力」に応じて分配されない人たちのためのものだったから。だから、「必要に応じて分配する」という原則が、少なくとも理念としては先行していたはずなのですが、近年は、仁平典宏さんが「教育化する社会保障」と言っているように、教育的な論理が、福祉の世界にも急速に浸透してきています。桜井さんがお話しされていたように、社会全体が教育化している、そのことの問題が大きい。だから、教育的な論理が社会にますます浸透していることの意味を問い直すほうが、オルタナティブな教育を構想するよりも大事なんじゃないかと思います。

桜井　社会全体が教育化している？

堅田　主体を形成していくとか、それぞれが能力を活用していくとか、能力を活用できるように支援をしていくといった、教育の論理が浸透してきていて、必要に応じた分配ではなくて、能力に応じた分配が、どんどん全面化していく。福祉的な領域ですらそういうふうになってきています。

桜井　教育化する社会を問い直すということでいえば、一九七〇年代にイリイチ（※1）が、学校化された社会というのをすでに問い直しているんですね。Deschooling（脱学校）というのは、学校の問題にされて理解されがちだけど、イリイチは社会の問題を指摘したわけですし、ドゥルーズ（※2）は『記号と事件』で、事件というのは、事件を起こすことでしかこの同質化された状況を変えられないということで、社会的な話をしたんでしたよね。

総中流化物語を信じて失った社会を問い直すメンタリティ

桜井　私は、一九六〇年頃から八〇年頃に、高度経済成長ですべての国民が収入アップになって成功したかのような意識になったのがまずかったと思っているんです。

堅田　でも、現実にはむしろ、高度経済成長期にも階層分化はあった。貧富の格差もあり、貧しい人たちはより貧しく、にもかかわらず、すべての「国民」が中流化したかのような物語がつくられた。

桜井　総中流化というものをみんな疑わなかった。当時もマイノリティの人たち、最貧困層、釜ヶ崎の人とかがいたんだけれど、ほとんどの国民たちは「やっぱり成長が大事だよね」という意識を共有しちゃったから、そこで「成長するには学力だよね」っていうことが暗黙の前提になって、あの時期にどの国よりもきつくなったんだろうと見ています。

堅田　その時期に、そもそも一億総中流みたいなことは実はなかったんだ、ということが問い直されてこなかったことは問題かもしれない。

特定の新自由主義的な文脈では、障害者をインクルーシブするとか、外国籍の人を受け入れるということに「寛容」だったりする。ただし、能力主義的な規範を脅かさない限りにおいて——堅田

桜井　問い直すどころかその時期にこそ、教育は大事だということを浸透させたから、社会を問い直すようなメンタリティはなくなってしまったというのが今の状況を招いているのではないかとみています。

堅田　高度経済成長以前の教育は違ったということですか？

桜井　たとえば、今だったら「きのくに子どもの村学園」（※3）が、テストを配られたらみんなでやりだすように、個人の能力を伸ばすというよりはよりみんなでしのぐとか、相談しながら解決を図るということが以前の公立学校の中ではおこなわれていた。それが偏差値が見つけられた一九七〇年のちょっと前ぐらいから個別最適化がきつくなっていく。「あなたの能力で将来を勝ち取っていく」、「あなたの能力次第だよ」という意識は、高度経済成長期がいちばんえげつなく表れてると思います。

堅田　その時代がむきだしな感じなのはわかるんですけど、今でも、「別に学力がすべてじゃないよ」とか、「人間力が大事だよ」、「コミュニケーション能力が大事だよ」と、そういう言い方がされたりするじゃないですか。違う形の「能力」でいくらでも測られる、というか。

桜井　ただ、「力」の重視は高度経済成長以前はもっとうすくて、多くの学校は、「居る場所」みたいな状態、寺子屋みたいな感じだったといえます。高度経済成

長期以降、能力が肥大化していきますね。

堅田　高度経済成長期以前の学校は、マシなものだったっていう理解でよいのでしょうか？

桜井　確かに日清日露戦争のあと一九二〇年頃からは、国民は個人の能力でなんとかしろということがはっきり語られるようになったから、戦争と共にやっぱり能力主義というのはきつくなっていきますね。

広瀬　一九二〇年代の頃の話が出たんですけど、いわゆる近代の総力戦的な体制は、日本でいう戦前戦後を貫いて、マクロには、ケインズ主義的な国家体制がつくられる中で、人的資本みたいなものを開発して経済活性化していきましょうということが、何十年も続いたんだろうと思います。その中で、人的資本としての人をつくって、排出する装置として、学校があり続けてきたという意味では、変わりはない部分はあると思うんです。

　でも、具体の様子を見たときに、学校っていつも同じ機能だけを果たしていたとか、同じ意味を持っていたっていうのも、ちょっと粗雑な議論かなというふうに思っていて、常にその装置の中でも、学校っていう空間の中でもせめぎあいがあると思うんですよね。たとえば、インクルーシブ教育でもいいし、外国人の子どもたちを受け入れるか受け入れないかみたいな政治でもいいんだけれども、常に葛藤があるわけですよね。学校はひとつの機能だけしか果たせないものとしてあるっていうふうに決定論的に論じるのではなくて、具体的にその時代その時代で課題になったものを見てくれれば、押したり引いたりしていくのかなっていうふうには思っているんですよね。

堅田　インクルーシブ教育とか、外国籍の子どもを受け入れるか受け入れないかという話は、学校の「機能」そのものをめぐる問題というよりは、誰を受け入れて誰を受け入れないのか、という「範囲」をめぐる問題なのではないか、とも思います。なんでそういうことを思うかというと、こういった包摂の「範囲」を拡大していくという話は、新自由主義的な統治のあり方と非常に親和的にもなり得るからです。

　特定の新自由主義的な文脈では、障害者をインクルーシブするとか、外国籍の人を受け入れるということに「寛容」だったりする。ただし、能力主義的な規範を脅かさない限りにおいて、です。無害化する形でむしろ包摂していくというのが新自由主義の方法だとすると、単にインクルーシブであるというだけでは、学校の持ち得る別様の「機能」がそこにあるとは言えないかもしれないな、と。

広瀬　学校の機能って、先ほど言った言葉で言うと、人の居る場所みたいな空間の機能があると思うから、能力主義的な人材養成機能だけが学校の機能と思っていないってとこもあるんです。まあアイデンティティ形成機能みたいなのもあるんだろうと思うし、さまざまな機能、意義というのがあって、限られた条件ではあってもせめぎあいはあるのかな。

堅田　学校には、アイデンティティ形成や、居場所の機能があるという意味で、意義があるということでしょうか？

広瀬　そうですね。で、誰がそこにかかわれるのかっていうことで、言い換えると誰を人材養成の対象に組み込むかというような、範囲の問題でもあるかもしれないんだけど、どういう人がそこの空間にいるのかということ自体が、学校がそれまで果たしている機能を弱めたり強めたり変えていく契機でもあるんで、それをめぐる闘争があるというふうに僕は理解してるんですよね。

堅田　たとえば、どんな風に機能が変わったのでしょうか？

広瀬　たとえば、ジャパニーズネスというものを共有できる人たちのメンバーシップだけでそれを育てていくっていう機能を果たしてきた、日本主義的な学校文化みたいなものが、その日本人アイデンティティをつくってきたみたいなことがあるとしたら、そういう限られたメンバーシップだけでは成り立たなくなるわけですね。そういうものを共有しない人たちが入ってくるわけですから。

堅田　外国籍の人が学校に入ることで、教育のあり方も変わった、ということでしょうか。

広瀬　変わったところもあると思うんですよ。教育のあり方っていうより学校のあり方ですかね。

受け入れたからといって教育を変えたわけじゃないかもしれないけども、学校っていう空間の排除性が変わった部分はあると思うんですよね。だから人びとが学校に行くっていう選択をしたんだと思うんですけど、ただし、それが結果として能力主義的な秩序に、より多くの人を組みこむ結果になったという部分はあると思います。

堅田　なるほど。するとやはり、範囲が広がったことそれ自体が、必ずしも機能の変更に結びつくわけではない、という感じなのでしょうか。範囲が拡張されることで、むしろますます能力主義的な規範が強化されていく。「インクルーシブにやっていますよ」とか、「多様な教育機会をちゃんと保障していますよ」というふうに言えてしまうことが、かえって状況を難しくさせている、というか。

桜井　そうですよね。

承認が強化する能力主義
――アクティベーション政策の本当の恐ろしさ

桜井　国家が統治する教育でないもの、人が集まるってことを教育に入れるんだったら、悪くないんじゃないか、それもアリなんじゃないって思うけれど、公教育っていうことで言えば、期待はなかなか厳しいよね。でも、子どもたちは集まって話したり遊んだりすることが大好きですし、やっぱり群は必要。国家がコントロールしない学校があったらいいのにね。

広瀬　まあ、国家が何かにもよるんでしょうけれど、高度に成長できた時代は、貧困やさまざまな差別も含め、その一部は顕在化したとしても、全体としては矛盾が隠されていたっていうことはあると思う。

　だけど、今、低成長経済に入って、配分をめぐる対立が深刻化している中で、隠しきれないものとして見えてきてる部分があると思うんですよ。ただそれを、より高い能力を持った人を包摂するっていう形で再包摂しようっていうのが、今のアクティベーションの政策だと思っています。だから、能力を発揮できる「異能な障害者」は、もっとちゃんと支援してあげたほうがいいとか、「高度な外国人材」だったら数年間だけ受け入れますというふうに、選別的に利用されているところがあるかと思います。

堅田　でも、アクティベーション政策の本当に恐ろしいところは、むしろ、今までだったら「生産性がない」とか「能力がない」といって、切り捨てられてきたような人たちを「包摂」することだと思うんです。もちろん、障害者や外国人の中でも「能力」の高い人のみを包摂していく、というクリームスキミング問題は一方で確かにあるんですけど、もう一方で、能力が低いとみなされる人も含めて「包摂」しようとするのがアクティベーションなのかな、と。個別性って言ったりして、一人一人に見合った、それぞれの「能力」を活用しましょう、という言い方をして、「できない」からといって単純に切り捨てたり排除したりはしない。むしろ、できないなら、「寄り添い型」の「自立支援」を提供して、あなたのペースでやっていきましょうね、という形で、なんでもかんでも飲み込むように包摂し、権力を浸透させていく。

　ただしその包摂は、低い位置にとど

まって、特権的な規範に害を与えない限り与えられるもので、規範を脅かす場合はその限りではありません。つまり、無害化するために包摂しているというか、害を与えない範囲で包摂することがアクティベーションなんじゃないかなと思っています。だからそこでは、能力主義的なもの、能力に応じて分配するといった特権的な規範をますます問いづらくなってしまう。

一見能力主義とは相反するような「居場所づくり」や「第三の場所」といったことがよく言われるようになって、能力を問われないような場所を作っていきましょう、という流れがありますよね。たとえば福祉の領域だと、経済自立、就労自立だけじゃなくて、日常生活自立とか社会生活自立が大事なんだと言われるようになりました。別に働いて稼げなくたって、生活できていればそれでいいよね、と。もちろん、そのことにポジティブな面もあるのだろうとは思いますが、やはりアクティベーションの権力というものが、能力主義ではないような装いをしていながら、実際には、反動的なものを無害化することで、能力主義の強化に貢献してしまっている、という面があるんじゃないかなと思うんです。

変革していくために発するという行為が最も欠落しています――桜井

桜井　それはその通りで、だから承認論が怖いっていうか……。

堅田　はい、承認論怖いです……。

桜井　その承認論が一番得意なのが学校ですからね。学校の中で授業のときでもいつでもどんな子どもも承認していこうっていうのがすばらしいことだと思われている。

堅田　危険なにおいがしますね……。だから大事なのは「学力テストがだめだ」とかいう話ではもはやないですよね。

桜井　堅田さんが熱くなってきた（笑）。

堅田　「学力テストがだめだ」なんてことは誰もが言うと思うんです。学力テストや数字で子どもを測るなんてダメだって。そして、それぞれの良さがあるんだから、それぞれ輝けばいいんだって。そのことの危なさが、あまりに語られづらいなあと思います。

桜井　それこそ死を行使する権力ではな

くって、生きさせる権力というものがやはり怖いという状況になっているんだけど、それってすごくわかりにくいんでしょうね。もう何十年も話し続けてきて、聞いた人はなるほどと言うけれど、変革が起きない。変革していくために発するという行為が最も欠落しています。逃げるとか、倒れるとかはできるんだけど、声を発する人が決定的にいない。

堅田　先生たちの中で?

桜井　全国民の中で。日本の研究者たちもほとんど発しない。発してもいいんだよ。発しようよっていうことが、メッセージとしてはほとんどゼロ。みんな逃げる話と、いやなとこには行かなくてもいいよって話だから、どんどん分裂していく。

堅田　逃げてるだけじゃだめだ、と?

桜井　だめだよ。

me too はあっても With You はしない日本

堅田　イ・ミンギョンさんの『私たちにはことばが必要だ』(※4)という、韓国のフェミニストが書いた痛快な本があるのですが、そこには、声をあげることだとか、言葉を取り戻すことが大事だっていうことが繰り返し書かれているんです。

桜井　そうそう、それが大事。その通りです。二〇一九年九月一三日にグレゴリー・クレイズさん(ロンドン大学教授)の講演会があって、彼はジョージ・オーウェルの研究者でその日は社会主義の話をしてたんだけど、たくさん来ていた市民の人たちから、「じゃあ日本はどうやって運動を起こしたらいいですか」って質問が複数出て、クレイズさんは、「いやもうそれはあちこちで今、デモが起こってるじゃないですか」って答えるのね。だから、日本では起こらないって状況を説明したんだけど、「インクレディブル!」(ありえへん!)って言われてしまった。日本に来ている外国人労働者についても話をしたら、「もう恐ろしい国だな日本は、日本とロシアだけがやばい」みたいな話になって、それをTwitterでつぶやいたら、ヘルシンキ大学の岩竹美加子さん(※5)が、「桜井さん、その通りだけど、ロシアはデモをする」と。「アートと政治は束ねてデモをしてる。しないのは日本だけだ」と。日本は本当に発しない。デモとは言いません。どんな場所でもいいけれども、「自分はやっぱり言えない」とか、「言う立場じゃない」とかじゃなくって、素朴にこう、「なんかおかしいと思う」ってことが言えない。声の政治まで行かなくっても、でも、発することが声の政治なんだけど。

堅田　なんで言えないんだと思いますか？

桜井　それが決定的なエブリデイ・ネオリベラリズムだよね。私は言っちゃいけないとか、言ったら攻撃されるっていうことを恐れる。攻撃されて当たり前だっていうのも、子どものときから学校の中でも経験されていないし、攻撃されると外されるっていう二択しかないような気がするから、攻撃されていいんだよっていう話にならない。

堅田　韓国と日本って、背負ってきた／背負わされてきた歴史や民主化の経緯に大きな違いはもちろんあるけれど、家父長的だったり生産主義的だったり、と状況が似ている面もあると思うんです。にもかかわらず、韓国では声が上げられて、日本では相対的に声が上げにくいのだとすると、それは何故なのか、ゼミ生と話す機会がありました。そのとき、韓国からの留学生が、韓国での #me too運動と、日本の #me too 運動との違いを教えてくれたんです。

日本で #me too 関連の発信をすると壮絶なバッシングが起きることがある。たとえば #me too した人に対して、「お前が露出の多い服を着ていたから悪いんだ」とか、「お前が二人で飲みに行ったから悪いんだ」とか、そういうバッシングが起きると。それは韓国でも同じなんだそうですが、じゃあ何が違うのかと言うと、韓国では「あなたを応援します」という意味を込めて #WithYou というハッシュタグが生まれ、かなり流通したんだそうです。つまり、#me too と声をあげると、バッシングもすごくあるんだけれど、同時に、それ以上に #WithYou というリポートする声があがる状況がある。もちろん日本でも、サポートの声はあるけれど、それをバッシングが上回るような言説空間になっていて、声が発しにくいんじゃないか、と。

桜井　それが、日本の戦後教育の成果で、WithYou はしない。自分で頑張る。それを強化したのがさっきの高度経済成長期。

堅田　WithYou はしない……。

桜井　そういう意味では教育はものすごいやっぱり、いまの状況をつくった正体です。

堅田　教育の罪は重いですね……。

桜井　ただね、こういう話をしたときに、これを読むであろう先生たちはね、議論の中身については全部わかってるんだけども、自分はここで、おかしいって言えないってことで、縮んでいくのね。せめて自分のメンタルを守るだけのことで精いっぱいですっていう状況が今ある。今日は樹木希林さんが本を出したので読んでたんだけど、一番大事なことは自分勝手だって書いてあって。

堅田　すばらしい。

桜井　それこそさまざまな思想家たちが言ってた結論だよね。逸脱しようぜ。発しようぜって。

堅田　忖度しないで。

物わかりのよさが肥大化するなかで

広瀬　忖度しないってことで言うと、ひとつ、自分の中で思うのは、声を発することの大切さが、声を発するようにしなきゃいけないってことになるとまた、怖いじゃないですか。それこそ学校の中では、常にアクティブな学習者であれって言って、常に手を上げたり、発言しなきゃいけない。黙ってる自由がないわけで、そういうアクティベートはいやだから、黙ってることも含めて、黙ってることの中にも、政治的な抵抗はあるわけだから、そういうことも含めて、押さえておきたい。でそれを押さえた上で、だけど社会的に声を発することができない状況が、やっぱり日本は強いんじゃないかっていう問題意識は共有してるんです。

　いま現実に学校で起こってることとって、それこそ新しい学ぶ態度、政治的態度じゃなくて学習の態度を測るって言いだしてから、何回手を挙げたとか何回提出物出したとかを全部チェックして、それを数字にして、あなたの成績です、能力ですみたいな話になっているわけじゃないですか。そういうところからどうやって逃れられるのかなってことをやっぱり考えたいということもあるので。それで、どっちかというと僕は、自分自身の学校での過ごし方でも、常に先生と向き合って「はいはい」って言って勉強してたっていうタイプじゃなくて、あっちのほう向いて、話を聞いてた生徒だったので。そういうことさえ許されない状況は非常に息苦しいなって思ってるんです。その息苦しさは子どもにしても教員にしても同じかなっていうふうには思うところはあるので、逃げることを全部否定してるわけじゃなくって、だけどそれだけでは変えられない現実があることも確か。だから、僕はいくつかの抵抗のあり方、変革のあり方っていうのがあればと思ってるんですよね。

堅田　広瀬さんがお話されたこともとて

も重要だと思います。逃げることと、声を出すことは、別々の抵抗のあり方っていうよりは、裏表で、逃げることが保障されて初めて声を上げられると思うし、声を上げる権利が保障されて初めて逃げられるのかな、って。

桜井　でも、逃げるとか学校に行かなくていいよっていう言説が肥大化してると思う。シンプルに頑張りなさいっていうのとは違ってね、こんなつながりがあってあなたはここにあるし、これから先こうなっていくってことを伝えたときに、伝えられた人はやっぱり発信せざるをえなくなるんじゃないかなって思って。

堅田　それはすごくわかる気がします。

桜井　それなのに理解と承認の中で「しょうがないよね」ってことで済まされてしまう傾向が強かったような気がする。

堅田　私たちがしんどくさせられている状況を、たとえば桜井先生が説明して、説明を受けた人がやっと理解して、それで声を上げられるっていう人ももちろんいるとは思うのですが、一方で、しんどい人って、たぶん誰から説明されなくてもしんどいってわかっているんじゃないかなとも思います。でも、しんどいっていうことを、うまく言えなかったり、言いたくなかったり、あるいはしんどいって言っちゃいけないんじゃないかと思っていたりするのかもしれない。

桜井　それはもう、すべての人が今そう感じてると思う。特に若い人たち。しんどかったらそれでいいんだよ。しんどいままのあなたでいいんだよっていう強いメッセージが一般化してるから。承認と一緒に逃げていいということが広がったから。そこでしんどくさせられている状況について論争するとか、ときには傷つけあうっていうことがなくなってしまった。みんな良き理解者で、そうだよねそうだよねって言うばっかりで。葛藤がない。

堅田　そうした状況においては、さっきのイ・ミンギョンさんのメッセージがより大事になるかもしれませんね。

桜井　たいていの人は表現したいけれど、「わたしはだめだ」って言うんです。そこに対して、「全然そんなことないんだよ」って言われない。だめだと言うことに対しても「そうだよね」って言われてるんですよね。

堅田　自立支援とかに近いかもしれないですね。

桜井　そうそう。

教員はどんな声を上げるのか

広瀬　いま文科省も、たぶん、半分は、就学義務体制を維持させようとしていて、残り半分は、今後の将来社会に向かっては、別にスクーリングってことをしなくても、学校に通っているとみなすっていうことができれば、いくらでも資格とか能力獲得についてはツールがあるんだから、それは産業的に準備すればいいんじゃないのっていう考え方が半分以上だと思うんですよ。そういう中で、学校というものが残っている状況だと思うんですよ、今ね。何万校もね。そこに教員が百万人もいるわけじゃないですか。

堅田　え、そんなに沢山いるんですか？　小中高で？

広瀬　いや、幼稚園から全部数えて。だから（二〇一八年度年度学校基本調査では、幼稚園から高校までの教員数は、計百十七万九千四百九人）、大きな職場でもあるわけじゃないですか。

桜井　管理のツールだからいるんですよ。

堅田　統治者からしたら、重要ですよね。

桜井　そうです。

堅田　え、じゃあ警察官ってどれくらいいるんですか？

桜井　じわじわ増えてますよね。

堅田　福祉の実践現場でも警察官をたくさん配置するようになってきているんです。

桜井　学校もそうです。

編集部　日本の警察官は、二〇〇七（平成十九）年に約二五万人だったのが、二〇一九年には、約二九万六千人になっています。現在東京都には四万六千五八一人がいるそうです。

堅田　警察官より教員のほうが多くて、百万人もいるということは、けっこうな、母数ですね。じゃあ教員の声は、結構キー（鍵）ですね。

桜井　そういうときに組合の機能って重要なんですよ。

堅田　たしかに、重要ですね。

広瀬　教育論については、先生方は声を発していると思うんです。どういう教育をすべきなのか、もっと限定的に教育技術論については喋る人がいる。だけど、学校のあり方とか、これだけ学校化されている社会のあり方に対しての問いかけは、あまり出てこない。

桜井　今度、兵庫県の西宮に「学校からのSOS講座」というテーマで話をしに行くんです。先生たちが、学校現場のしんどい状況について、もうこれ以上無理だ、でもどうしたらいい？　という問いなんですね。

堅田　しんどい。でも、どうしたらいいかわからない。

桜井　そう。それは西宮だけでなく、全国的にそうだと思う。先生たちは、どうしたらいいかわからない。子どもも親も、どうしたらいいかわからない。

堅田　みんなしんどい……。桜井さんは、そのSOS講座の問いかけに、どのように答えるのでしょうか？

桜井　だから、「逸脱」でしょう。さっきの樹木希林さんの話で言えば、自分勝手にやろう。統治されて従順であるということが状況をもっとしんどくしていくんだから、逸脱する。逸脱をサポートする。WithYou の話です。ちゃんと事件を起こせっていうことですよね。

編集部　事件？

堅田　たとえば、みんなが学校に行かなくなるとか？

桜井　もうとっくにそういう事件はいっぱい起こっている。だから、行かないで黙るんじゃなくて、クーデターですよ。そのために『子どもの声を社会へ』（岩波新書）って本を書いたんですよ。

広瀬　みんなが学校に行かなくなったらというのはおもしろい想像なんですけど、今、日本の場合に長期欠席だって言われる人を数えた統計だと、最大でせいぜい二％とか三％なんですね。それが、一〇％、二〇％、三〇％ってどんどん増えていったら、学校に対するものの見方が変わるんじゃないかなっていうふうに想像もするんですよ。これだけ、不登校という呼び方が一般化して、学校に行かないことっていうのが教育問題の中で、すごく注目されているにもかかわらず、依然として日本って学校の求心力がすごく強い社会だと思うんです。それは法律で就学義務が課せられているところもあるけど、学校に行かない人の数がどんどん増えていったら、質的に転化して、学校中心社会みたいなものが変わるっていうこともあるのではないかと。

桜井　それはすごく甘い見立てだと思い

ます。というのは、みんながもっと学校に行かなくなるということを見越して、来年この近辺（大阪市北区）にも三つ通信制高校ができるんですね。教育行政はそっちの方向で行くって言ってるんです。だから、子どもはどんどん行かなくなるから、学校も閉じていくことになる。

広瀬　もちろん、すでに産業化された形でいろんな形態の学校が出てくるとは思うんです。通信制も学校の一つですが、日常的なスクーリングを常態とするような「学校」が閉じていくなら、そこに縛られた価値観にも変化が起きる契機にはならないでしょうか。

桜井　それって不登校の子ども専用の学校ができていくっていうこととどう違うんですか。

堅田　でも、そこも行かなきゃいいんですよね？

編集部　でも、そこには行っちゃうんですよね。毎日通う公立の学校だけが学校なわけじゃなくて、通信制や教育委員会が認めたフリースクールといった学校っぽくない学校には行っちゃうから、抵抗としては弱い。むしろ学校が拡大していると言えます。

堅田　だからオルタナティブを求める方向には無理があると。それも学校だから。別の教育をとか模索するのではなくて、社会全体が学校化してるみたいなことを問い直すほうが大事だということでしょうか。

広瀬　うん、あくまで社会の学校化、教育化を問うということですね。

桜井　鈴木大裕さん（教育研究者・高知県土佐町議会議員、『崩壊するアメリカの公教育』著者）が書いてましたよね。

広瀬　アメリカの教育産業の問題を取り上げた人ですね。

編集部　鈴木大裕さんは、二〇一九年九月一五日の朝日新聞ＧＬＯＢＥのインタビュー記事で、「教育は社会の写し鏡なので、多様な学校をつくったところで、社会における「成功」の物差しが一つであれば、結局のところ格付けされ、勝ち組・負け組をつくるためのテクノロジーとなってしまう懸念があります」（※６）と話されていましたね。

Ⅱ

「よりましな**教育**をしよう」では**解決**できない**事態**に、**何**ができるか

みんなと違うと外されるという感覚を育ててきた学校

堅田　民意研の趣旨文の中で重要なのは、たぶん、「多くの人が自分たちを苦しめているはずの諸政策をそのまま引き受けてしまうのはなぜなのか」という問いだったと思います。だから、民意そのものではなくて、政治的態度の剥奪状況という問いの立て方をしてきたと思うのですが、民意研を二年やってみて、この問いに対する答えは見つかりましたか？　報告書のなかでお二人が書いていらっしゃる「主体形成を学校が働きかけてきた」というところが、この問いにダイレクトに関連する部分かなと思うのですが。

桜井　大阪では維新が支持されているというのは、人気があるから入れとこってというのが実際のところです（笑）。

だから、維新の政策も知らない。いろんな人に聞いてみたら、どの人もそう言うのね。「なんかよさそう」って思って票を入れる。

堅田　「人気があるから」というのは、みんなが嵐が好きだから私も嵐が好き、みたいな感覚で、維新を支持する、ということでしょうか？

桜井　だから、問題を説明すると、「えーっそうなの？」って驚かれる。

堅田　あ、そもそも知らないということなんですね。

桜井　そうなんです。お母さんたちの会でその話をしても、釜ヶ崎でその話をしても同じ反応。

堅田　それはすごくおもしろい。

桜井　そうなってたんだって思います。同調過剰圧力というか、逸脱は嫌だ、みんなと同じものを求めるという感覚。

堅田　みんなが維新に入れてるから私も維新に入れておこう、ということでしょうか？

桜井　そう。

編集部　みんなって、どこから始まってるのでしょうか？

桜井　学校の様式行為が、そのまま市民社会に連なっているってことですよね。みんなと違ったらいじめをされてしまうとか、ＰＴＡには入っておかないとまずいかなというのと同じ。

広瀬　たとえば、維新って近畿が強いじゃないですか。全国政党にならなきゃいけないというふうに思ってはいないんですけど、この間ずっと、地域政党的な票集めしかできてない。なぜ近畿で、今おっしゃったような、有権者の動きになるのかな？

桜井　維新は近畿を拠点に広げてきたからだけど、これが東京だったら自民とか、二〇代だったらやっぱり自民党よねっていうのと同じメカニズムだと思います。大阪で維新に入れていた人が引っ越して東京に行ったら、東京のマジョリティが支持してるところをやっぱり支持する。自由からの逃走だから。

広瀬　つまりポリシーで選んでるんじゃない、だけど支持されているようだという現象が、政党の違いを超えて起こってしまっているという認識は僕も共感します。ただやっぱり大阪は、その、上手にね、維新の戦略としては対東京というのか、そのプレゼンスの向上みたいなものを上手に使って、疲弊してきていて先が見えないなって思っている人たちの「気持ち」を上手に刺激してる面があるとは思うんです。

堅田　そうすると、「多くの人が自分たちを苦しめているはずの諸政策を引き受けたり支持してしまうのはなぜか」っていう問い自体が少しずれていて、そもそも多くの人は政策を引き受けたり支持したりしているわけじゃない、ということでしょうか。そもそも政策について知らないのだから、それを支持するもなにもない、と。むしろ、単にみんなが入れてるから入れるに過ぎない。

編集部　子どもが「みんなが持ってるから何々がほしい」とか、「みんな持ってるから買う」みたいに言って、おとなに「みんなって誰よ。人が持ってるから自分もほしいなんて理由になってません」なんて怒られることがありますが、それと同じことが起きてるってことですか？

桜井　子どもだったら積極的だけど、この場合は、「行っとかないと恥ずかしいから」、「とりあえずここかな」、っていうくらいのもっと消極的な感じだと思う。とりあえず投票に行くとしたらという話ね。

堅田　なるほど。そこまで積極的に支持はしていないということですね。

桜井　うん、支持はしてないし、まあ雨が降ったら投票に行かない（笑）。

編集部　そういうメンタリティを長年かけて学校が育んできてしまったというこ

とですか。だとすると、今社会に出ている人たちはほとんどが、「とりあえずマジョリティっぽいものに同調しとこう」という感覚を内面化してるということになりますね……。

桜井　『揺らぐ主体／問われる社会』（インパクト出版）という本で、「原発を許した戦後社会」という論稿を書いたんですけど、それも同じ問題です。問題の最初は水俣だと思うんですけどね。誰も関心を持たないっていう、その七〇年代の異常さ。でも、私はそのときに海外にいて、ほかの国の友人が「日本はなんでこんなに関心を持たない？」って言うから、「たしかに、なんなんだこの国は」って思っていたんです。今、その気持ち悪さがだんだん論理化されてきた感じ。

堅田　ずーっとつながって、蓄積されてきた。

桜井　強固ですよね、土台が。

編集部　学校で働いてる先生たちも、子どものときから学校教育を受けて、先生になってきてるわけだから、みんなと違うことをしよう、声を発しようっていうふうになるのは、なかなかたいへんなことですね。

桜井　でも、情報とか参照軸を紹介したら、違う見方、違う考え方があるってわかるから、その紹介をするのが研究者の仕事でもあるから。

堅田　研究者が怠慢だってこと？

桜井　そうです。とくに教育学は何をしているのかという状況です。

編集部　そういう状況の中で「逸脱をサポートする」というとき、たとえば学校でそれをするといったときには、どんなイメージになるのでしょうか？　声を発したほうがいいっていうことだから、声を発することのできる授業をしてみようみたいな話とはまったく違うことをするわけですよね。

桜井　全員が自分たち自身で統治されていて、検閲権力によって、「みんなと同じようにしなければならない」って思うようなメンタリティがつくられていますから、そうではない違うことをやってみるということですよね。そういう経験を広げていくっていうことが唯一の可能性だと思います。

そうしないといけないってことに対して、違うことをやってみる。あるいは、まあ辞めたり黙るのもいいんだけど、もっとポジティブに。さきほども、犯罪がクーデターであるっていうことが話されていたけれど、それって全くその通りだから、それを理解できる人は、そのクーデターした子を理解する承認するんだという話にするのではなくて、ここで起きているクーデターは、もっと大きな文脈で大事なんだっていうことを表現したり、周囲に伝えていく。そういう知のメカニズムを伝えるのが研究者だから。言葉のツールで仕事をしてる人たちが、それを分かち持つっていうことをしないと、「逸脱ブラボー」みたいになっちゃうから。逸脱はどれくらい深い意味があるのかっていう説明をしないといけない。それがその、まあ、雑誌もそうだし、論文もそうだし、講演も授業もそうだし、ペンで戦うってことだと思います。

逸脱はどれくらい深い意味があるのかっていう説明をしないといけない――桜井

同質化の問題、多様化の問題

堅田　日本は、同質化の圧力は強いなっていうのはなんとなくわかるのですが、一方で、新自由主義は画一的なものに対する「オルタナティヴ」として、すぐに多様性／ダイバーシティとかいうじゃないですか。日本でもそういう状況がグイグイ進んでいると思います。そういう中で、先ほどお話しされていた同質過剰圧力というのは、とくに教育の現場ではどのようになっているのでしょうか？

桜井　ダイバーシティが現実に行為や振る舞いの中でおこなわれているとはとても思えないですね。多様化って言ったときの多様化が何かがわからないのですが。

堅田　同質過剰圧力というのがあるとして、多様化の圧力が入ってきたときにそのあり方がどう変わったりしているのか、ということを聞いてみたいと思ったんです。

桜井　先日、滋賀のシンポジウムに呼ばれて話をしたときに、九歳でブラジルから日本に来た語学相談員の右田マリアナ春美さんが、「ブラジルの子どもたちはピアスをしてスカート短くていいよね、多様だよねって言いながら、日本人の子どもには校則が厳しい。私たちはいつも例外扱い。それが多様化だ」って言っていました。そんな感じでしょうか。

堅田　学校の中で、そんなふうになってるんですか？

桜井　そんなふうに見えます。

堅田　校則が、ブラジルの子には適用されない。

桜井　そう。「私たちは仲間にさせてもらっていない」と。

大学などでも、「あの子はＬＧＢＴだということなので、特別に居場所をつくりましょう」と、その子だけを尊重することはするけど、それ以外の学生たちの話にはならない。全体の中で緩んでいくって話じゃなくて、とってつけたような尊重みたいなことがおこなわれています。

堅田　それって、承認でも何でもないですよね。マジョリティの特権性が問われないままで。

桜井　だから、多様化っていうのを具体的にはわたしは見たことがないので、どういうことかなっていうふうに思うんです。

堅田　学校は多様化していないということでしょうか。

桜井　多様化した学校がありますか？　私は見たことがない。

編集部　分けられた場所がつくられることを指して、多様化していると言われることはあると思います。

堅田　はい、まさに「多様化」ってそのような文脈で言われると思うのですが、それと同質過剰圧力との関係はどのようなものなのかなって。

編集部　ゴールというか成功するというイメージが一緒だから、分けられた場所にいても、同じなのではないかと思うんです。どの場所も社会のなかで自立して生きるということに価値が置かれていることにかわりはないから。同質化圧力はそれぞれの場所でそのまま維持されちゃうんじゃないかな。

堅田　ルートは多様だけどゴールは一緒っていうイメージでしょうか。

編集部　違うものとして外されたことはつらいけど、そんなふうに外される今の学校そのものや社会のありようを問いたいって、強く思ってる人はそんないなくて、自分も違うものとして排除されずにいたい。自分も今の社会の中の一員として同質化しておきたいって思ってるのではないか。まあ、それは今自分の置かれてる状況や行為がどういう意味をもつのかっていうことを、社会の構造とかとつなげて考えて声を出す機会にまだ出くわしてなかったりするからなのかもしれないんですけど。たとえば不登校後の人の動き方を見てると、通信制高校に行ったりとか、ロケットプロジェクトみたいなのに行ったりとか、決して脱学校化しているわけではない。

堅田　多様化によって同質化の状況がどう変わったかということより、多様化ということが言われることによって、社会そのものを問い直すことがしにくくなっているということですね。福祉が置かれている状況と同じですね……。

桜井　そうですね。だから国連が一九七〇年代ごろから子どもの権利とか女性の権利とか人権の問題を課題別にしたというのは、やっぱり包摂につながるプロセスだったんですよね。課題別にされてしまったから、その課題になっていた権利が保障されたら、まるでうまくいくかのような幻想で、今も課題別人権教育を、政府が推奨するような形になっていますが。

学校の自由を開く、教員の労働時間短縮

堅田　報告書の序文で工藤宏司さんが、政治的態度の剥奪状況というのがあったとして、これに対して政治的態度を再奪取、再び取り戻したり、再構築したりすることによってこの問題を解消しようとすることはやっぱりできない。むしろそれは、政治的態度のますますの剥奪状況を招くということを書かれていましたよね。主体化について論じた桜井さんと広瀬さんの章が、一番この部分に共鳴していると思うんです。学校が主権者教育をやってみたり、「主体性」を育てようとしていたりすることを考えると、政治的態度を取り戻すというやり方では、政治的態度はむしろ、逆に、剥奪されてしまうだろうということですよね？

広瀬　それこそ主権者教育とか、市民性教育とか、あるべきものをデザインして、よりましな教育をしようっていう話は、政治教育が十分されてこなかったので、今こそそれを提案しましょうって、

> 学校関係の法律を見ても、「政治的中立」って、そんなにあれもこれも禁止するような言葉じゃないんですよね——
> 広瀬

一部で盛んに言われているとは思うんですよね。だけど、そうした議論をしたいわけじゃなくて、今回の研究委員会報告書の論稿（「学校の「自由」を開く」）を書いたんですよね。そもそも、そこでいう政治教育の「政治」って何かということもあるんですけど、学校の中では、長らく「政治的な中立」っていう言葉によって、学校（教育）と政治の結びつきが誤解されてきたんじゃないかと思っているんです。学校（教育）と政治ってすごく結びつきが強いんだけど、そこを封印する言葉みたいにして、「政治的中立」という言葉が独り歩きしてきたように思われます。そもそも学校関係の法律を見ても、「政治的中立」って、そんなにあれもこれも禁止するような言葉じゃないんですよね。かなり限定された言葉でしかないのに、世間的には政治について黙るためのツールになってしまっているところがある。それは誤解に過ぎないということもひとつ確認したいことではありました。そして、長年にわたって誤解したままその可能性を見失っている中で、多忙な教員がいくら市民性教育とか、主権者教育というのを頑張って、主要教科に負けずに、意義ある活動なので入れていきましょうみたいなことをやろうとしても、状況は良くならないんじゃないと考えています。

　今、学校と政治の関係で言うと、さっきの話にもあったんですけど、新学習指導要領の円滑な実施に向けて、一生懸命頑張る先生たちのもとで、授業時数も増えるし、内容も複雑、多様化して、子どももめちゃめちゃ追い立てられている日常があると思うんです。また、学校の中では、先生も、在校時間一二時間とか一三時間みたいな長時間労働がざらで、まあ朝早くから夜遅くまで縛られている。

堅田　在校時間が、一二時間から一三時間？

広瀬　それが「ふつう」という状況です。

堅田　やばい……。

広瀬　学校にいる間は、細切れに時間を集めても一〇分程度休めてるかどうかみたいな、「連続過剰労働」をしている現実があります。だから、人と人とのかかわりの多様性みたいなものを築こうかなって思うような余裕が失われがち。とにかく結末として求められているスコアを上げるために、真っすぐ一生懸命にならざるを得ない状況があるわけなんです。

　そんな学校の状況なら、新しい政治教育を提案するよりも、まずはその学校に一二時間も張り付いていることと自体をやめたほうがいい。これは教育総研の二〇一六〜一七年度に設置されていた「教職員の自己規制と多忙化研究委員会」で問うてきたことなんですけど、先生自身がその多忙を生み出してしまう側面、働く環境のまずさと自らそこに乗っかっていく側面とが両方あると思うんですけど、だからこそ、先生方にはいろんな役割を過剰に引き受けてしまっている学校そのもののあり方を、シフトダウンしていくっていう方向で今の問題を考えてほしい。そのためには、長い時間学校に張り付いていること自体やめたほうがいいっていうことが一つのメッセージなんです。

　じゃあ、教員が学校を出たらどうなるかっていうと、一方で、連合総研の調査でも出てましたけど、教員って一般の民間労働者以上に、地域貢献活動とかやってるわけですよね。一二時間も学校にいて、学校じゃないところでまた地域貢献活動をやってる。結局、休み時間や休養が取れてないというなかで、健康被害の問題も危惧されると思うんです。常に何かに貢献するみたいな、そういう生活のしかたになっちゃってる。

　だから、学校を出る意味を「民意」研究委員会の論文でもちょっと触れているんです。それは、学校を出て、学校以外のことでまた頑張りなさいっていう意味じゃなくて。それこそ、冒頭であったみたいに、ぼーっとしているっていうことが、非常に重要な社会状況にあるっていう話でしたけど、先生って、なんかぼーっとしてることが許されないようなまなざしに常にさらされていて、地域の学校に勤めて、その校区で住んでると、先生が学校の外で何やってるんだろっていっつも見られちゃう。そういう息苦しさの中で生活してたりするから、とにかく、自分が勤務してる学校の場所から単純に離れるだけでも、何か違うんじゃないか。それで労働から解放された時間で、別に何をやってもいいと思うんですよ。研修をしなきゃいけない、専門性を高めるために時間を使わなきゃいけないっていう人もいるんですけど、別に僕はそんなことしなくてもいいと思っています。労働時間を短縮するということ自体が、自由な生のあり方にとって第一歩だと思ってるんです。

　そして、学校の中でも、あれもこれもと覆いかぶさってくる業務を、ひとつひとつ減らしていく。そこに空隙が生ま

新しい政治教育を提案するよりも、まずはその学校に一二時間も張り付いていること自体をやめたほうがいい
——広瀬

れることで初めて、トップダウンの経営の中では見失われがちな、子どもとの関係も横とか斜めとか違う方向で対話や議論の可能性が開く。効率よくマネジメントしていくとか、子どもを上手に管理していくために丁寧にサポートするとか、そういう発想からの転換には「空隙」や「ゆとり」が必要です。そうした趣旨からすると、学校で今何をしたらいいのかというときに、「こんな政治教育がありますよ」という話だけではなくなる。学校における政治教育の可能性が思っているより大きいこと自体を知り、自粛する必要はないということは重要なんです。だけれども、学校の抱える問題は、そうした教育実践だけで解決するような問題でもないということが、民意研の中では共通する問題意識としてあったと思うんです。

堅田　私、知らなかったからというのもあるんですけど、広瀬さんの議論で一番面白かったのは、「政治的中立性」ということに関して、実は非常に限定した意味で使っているんだ、というところでした。それによって、教員の言論を抑制するようなものではない、と。にもかかわらず、教員の側が勝手に自粛しているんだ、と。そこに教員の主体化のあり方がよく表れていて、面白いなと思ったんです。でも一方で、その主体化の側面ばかりに光を当てちゃうと、教員個人個人になんとかしろ、って働きかけることにもつながってしまうから、もう少し学校自体の問題も同時に考えていかなければいけない。

広瀬　そうですね。だから後半部分で、一人一人の先生が意識を変えましょうとか、あなたは早く帰るの？　帰らないの？　みたいな話じゃないということを書いているんです。学校をめぐる状況が、どういうことになっているのか？　今、学校の組織のあり方も変わってきてるわけですけど、チーム学校を謳って、たくさんの非正規職員を入れ込んで、専門性を買いたたきながら、限られた形の限られた数の専任教員で、縦の意思決定のルートを入れて運営を進める効率的なマネジメントと称することをやる中で出てきている問題なんです。だからそれは単に、先生個人が早く帰れば、それだけでバラ色の世界になるといったことを言いたいわけではないんですね。問題の背景や要因は多様で複数の次元にあるのであって、ここだけいじれば全部ガラガラって変わりますよというようなものではないと思っています。それはたぶん、ほかの、皆さんの論考も同じじゃないでしょうか。

軽視された新自由主義が学校教育制度にあたえた影響

堅田　一方で、教員は、学校的な秩序に親和的な人が多いのではないかなとも思うのです。だからこそ、教員の主体化に切り込むことはハードルが高いんじゃないかとも思ったりします。そもそも教員が学校的秩序に親和的というのも、偏見かもしれないけれど……。

桜井　でも以前は、教員が学校を糾弾する教育裁判って、すごく多かったんですよ。それが最近、急激になくなってきたんです。

広瀬　一九五〇年代は、超勤訴訟（超過勤務手当ての支給を求める訴訟）や教員の給与の未払い問題など、人と人の配置と給料みたいな財をめぐる戦いをかなり積極的に裁判でもやっていた時代があります。それが、義務標準法（公立義務教育諸学校の学級編制及び教職員定数の標準に関する法律）や高校標準法（公立高等学校の適正配置及び教職員定数の標準等に関する法律）が入ることによって、安定していったんです。

堅田　義務標準法って、なんですか？

広瀬　公務員の中でも、教員だけに法律上の根拠を以て安定的に人員を配置して、その人たちの給料も義務教育国庫負担法で、国家が相応分を負担するので、安定して財政秩序をつくるという法律なんです。

堅田　財の分配に関する法律ということですか？

広瀬　学級の編制に合わせて教員数の標準を決める法律で、それに給料保障をする義務教育国庫負担法が組み合わさっています。これらによって教員だけを囲い込んで、そこで、他の地方公務員と差異化しています。

堅田　なんか怖い。

広瀬　でも、それは教育運動の側も求めたことなんです。

堅田　利害が合致すると。

広瀬　当時自民党政権がそれを提案し、教育運動の側もその案を飲んで、いわゆる「教育ムラ」をつくったともいえます。

堅田　なるほど。

広瀬　加えてその後一九七〇年代のはじめに、人材確保法（学校教育の水準の維持向上のための義務教育諸学校の教育職員の人材確保に関する特別措置法）をつくって教員の給与を少し上げますという提案が出てきて、それを受け入れました。けれどそれによって教員と学校のその他の職員とに分断が生まれるんですね。そして七〇年代以降は、大きく言うと、給与とか人の配置をめぐる糾弾や対立は沈静化して、イデオロギー対立のほうが表面化するんです。

編集部　イデオロギー対立ってどんなものですか？

広瀬　それは歴史教科書、歴史教育の内容も含めてですけど、カリキュラムのあり方をめぐる闘争が中心になって、労働運動としての側面に対して教育運動としての側面が二本柱の一本として重要なんだということになっていったと思うんですね。そして、教員は専門性のある仕事だという、専門性論がそれを支えた。

　教育の専門家なので、教育の内容や方法についてあれこれと議論すること自体は活発におこなわれる。

堅田　ホワイトカラーエグゼンプションみたい。専門職だから一二時間学校にいるのもいとわない。

広瀬　子どものため、教育のためなら長時間労働を受容する側面があるっていうことですよね。

編集部　教育の専門家だから教育について議論するとなった時に、なぜ、カリキュラムの作り方や授業実践に議論が集中したのでしょうか。

桜井　仕事があったから。

編集部　仕事があったから？

広瀬　一九五〇年代までは、低い生活水準をどうにかしたいっていうことが労働運動的には重要な課題としてあった。高度経済成長と合わせて給与水準の上昇、いわゆる春闘路線が定着し、さまざまな労働問題がある中で給料のベースアップを勝ち取れれば、その他のことはそれほど強くは問わないという路線が浸透する。それの教育版だと思うんですよね。そのおかげで一定程度、教員の給与の上昇には貢献した面はあるわけで、それを当時の運動が選んだのだと思います。

堅田　財の分配をめぐる政治からイデオロギー政治にっていうのは、教員の運動だけじゃなくて運動全般的に言えることではないでしょうか。

桜井　まだ七〇年代には社会民主主義の感覚があったわけですが、ただレーニンとかスターリンとかソビエトのマルクス主義は、上から押しつけたものだということで、評判が悪くなっていったんですよね。

堅田　国家社会主義みたいな？

桜井　そうそう。それで財の配分ではない形を選んでいくんですよね。それに高度経済成長期の幻の二〇年が乗っかるから仕事はあるし、「やっぱり教育内容で充実していこうね」っていうふうにして、市民運動が高校全入運動というものを展開していく。教育によって自分たちが充実していくということを求めたわけです。

堅田　そうして教育ムラの覇権が広がっていく。

桜井　教育ムラっていうより、市民運動が教育をつかんでいくんです。そこに、教員組合も噛んでいく。ただ、同時にこの時代は教育裁判もいっぱいあって、国家のやり方を問う教職員もいっぱいいて、それこそ、岡村達雄さん（※7）なんかは、そこで勝負かけるんだっていうふうに展開していました。でも、多くの大きな組合や市民運動は、そういう動きを好ましいと思わなかった。国家の教育が充実することで自分たちの社会が豊かになっていくから。

編集部　ああ、じゃあ誤解しちゃったのですかね。社会が豊かになっていくことを見て、教育を充実させればもっと豊かになっていくみたいなストーリーに結びつけてしまった。たまたま時期が重なってただけなのに、教育をよくすればもっとよくなるという誤解が生まれた。

桜井　いえ、マンパワー政策はまさに、教育を受けることで豊かになるっていうイデオロギーの広げ方でもあったと思う。実際に生活水準も上がっていくんだけど。

編集部　でも、今それは、違っていたということがわかるわけじゃないですか？教育をどんなに受けても、格差というものはなくならない。いすとりゲームのように、誰かが座れるようになれば、ほかの誰かが座れなくなるだけ。

堅田　労働市場がボロボロなんだから、教育を受ける受けないの話じゃない。

桜井　でも、みんなはそう思ってないでしょ？　教育を受けることによってよりよく豊かな生活を送れるって言説が浸み込んでしまっているから。

編集部　みんなは思ってなくても、結果は出てるわけですよね。教育総研でここ数年おこなってきた研究（※8）を見ても、日本の中を見ても、少しかもしれないけどその少しの人たちが、教育を受けることでは豊かになれないことや新自由主義の問題を明らかにしているわけですよね。

桜井　でも、その二〇〇〇年代の最初に「新自由主義ってなんだ？　なんだ？」ってなって、そのあと研究は深まらなかったの。

編集部　ああ…、たしかに二〇〇〇年の始めごろ、教育に関心のある市民の人たちのあいだでも、新自由主義と教育について関連して考えようってなりかけて、でも、新自由主義とか意味わかんないし、そういう話は小難しいから、もっと地に足をつけた生活に根ざした話をしようみたいな感じになっちゃったりしたことがあったんですよ。今考えると、新自由主義と学校教育や生活を繋げて考えようっていうことを避けて、自分の子どもをどう育てるかとか、教育の素朴な側面、人を育てることの大切さみたいな、なんかそういう素朴なところで考えようっていうふうになってしまったことは問題だったと強く思います。

> もうちょっと、葛藤したほうがいいと思う。葛藤っていうか、ぶつかったほうがいいと思う。あまりにもぶつかるのを、恐れすぎている――桜井

恐れずに議論し、葛藤する

編集部　よりましな教育をするということで問題が解消できないことはわかったわけですが、工藤さんが序章の最後で書かれていた「自立的・自律的な自身であらねば、ではなく、自分が「楽になる」ことこそが求められる社会へ」変わっていくように、どんなことができるか、最後に聞かせてください。

桜井　だから、逸脱を支えるってことが大事なのかもしれないと言ったんですね。それがなかったら日本の展望もないよね。そう思いません？

　もうちょっと、葛藤したほうがいいと思う。葛藤っていうか、ぶつかったほうがいいと思う。あまりにもぶつかるのを、恐れすぎている。

堅田　工藤さんの章にもありましたよね。沖縄の人が声を出さないひとつの理由が、衝突を恐れることだと。もうひと

つは、自分なんかに発言権はないんじゃないかという恐れ。このことは、沖縄という文脈がなかったとしても、あてはまるんだと思います。私で言えば、たとえば「こんなこと言ったら怒られるんじゃないか」とか、「教育の専門家でもないのに、教育について話す資格はないんじゃないか」とか。工藤さんは、そういう自粛をさせる二つのパターンがあるって書いていました。

編集部　ほかの国では、そんなに人と人とが、みんな、もっとぶつかってるのですか？

桜井　議論をするよね。喧嘩じゃなくて、「そこは違うよ」とか、ふつうに言いあう。でも、日本では相手の言ったことに「違う」って言わない。ものすごく、交わらないように交わらないように気を遣って、中高生、大学生も生きてるよね。ぶつかりそうな話はできるだけ避けて。

堅田　他方で、日本でも親密圏ではみんなぶつかっているんじゃないですか？日常生活の政治というか、「あんたごみ捨て行きなさいよ」、「いやいや、お前が捨てに行けよ」とか。

広瀬　うーん。してるとして、それが？

堅田　常に衝突を避けているわけではない、文脈によるんじゃないかなと思うのです。

編集部　公の場でぶつからないってことですか、日本は？

桜井　ごみ捨ての政治よりもうちょっと自分から離れたところの話をするよね。小学生でも社会で起きていることの話をする。日本では大人でもそういう話にはならない。

堅田　そこでいう政治というのは、もっとわかりやすい社会問題とか？

桜井　そう、私がドイツの学校を訪問したときに小学生のジェシカちゃんから「福島はどうなっていますか」って聞かれたみたいに、海外では小学生たちが福島の原発事故について話してるから。

堅田　そうなんですね…、日本だと学校でもそういう話をしないんですね。私はきっとサークルが狭いからだと思うんですけど、しょっちゅう社会問題の話をしていて……。

桜井　多くの人はしないです。

堅田　たしかに友達が、「ママ友とはそういう話はできない」って言っていたことがあります。

桜井　学生もしないです。

堅田　沖縄に調査に行ったときも本土出身だという引け目があって話せないと言っている方がいましたね。あと、「選挙に行きます」とは言うけれど、どこに投票するか、何故そこに投票するか、といった踏み込んだ話はしない、とも言っていましたね。

桜井　だから、私も講演会などで話しに行ったときに、「なんでしないの?」って、みんなに逆に聞くんですよね。でも返ってくるのは「なんでだろう?」みたいな反応ばかりです。

編集部　あらかじめ、そういう話はしないものみたいな感じになってるからっていうこと?

桜井　そうそう。考えたこともなかったって感じかな。

構造と現実の問題をつなげて伝える、考えあう

堅田　一方で、平気で中国ヘイトの発言とか、韓国ヘイトの発言をする人がふつうにいるじゃないですか。それも「政治的」な発言だと思うんですけど、その意味での政治的な話は日常にあふれていますよね。

桜井　そのときにヘイトが起きる状況がつくられているという話が本当だったらできるじゃないですか。分断がつくられている状況について説明をすることができるのに、その説明を発する人が日本にほとんどいないから、ヘイトが「ヘイトの問題」となって拡大してしまう。

広瀬　どの程度の人が、ヘイト言論を一生懸命繰り出しているのか、実態はよくわからないところもあるんだけれども、国内の中の、「私」と「あいつら」みたいな話は、公的にはしにくい。しちゃいけないことみたいに思いやすくて。だけど、国を超えて、「他の国」と「我々」っていう構図の中では語りやすくなっちゃう人たちがいるというのは、あると思うんですよ。分断がつくられる状況はあるわけですから。

堅田　でも、国内に暮らしている在日朝鮮人へは「国内の中の『あいつ』」としてのバッシングも強くないですか?

広瀬　それは昔からそうですね。その場合は、まさに国内の中の存在なのに外部化する形で、「私たち」と「彼ら」っていう構図がつくられるからですよね。

堅田　国境を超えなくてもありうるということですね。そういうことは、いつでもどこでもありうる。

桜井　中学生がね、ヘイトをやってるんですよね、孤独でね。で、どうしてやってるのかって聞いたら、そこで初めて認められたって言うのよね。そこのヘイトグループで初めてよくやったって認められたって。疎外された彼にとっては、そこが居場所になる。その構造があるっていう説明は、簡単にできる。その構造を共有したら、「ヘイトの中学生はとんでもない」という認識から次のステージに行ける。ヘイトをする中学生は、学校の問題や排除の話につながってる。

ヘイトの話だけどヘイトの話ですまないねっていう議論になるの。そういうふうにつないでいくことが、あちこちで、きっとできるんだと思います。

編集部　つないで説明する、説得力を持ってみんなに話すのは難しいなっていうふうに思っちゃったんですけど、研究者の人とかだとできるものなのですか。

桜井　研究者とは限らないよね。在野の人でもふつうのままでも、つないで話せる人っているわけで、つなげる人がつないだらいい。ちゃんと話そうとか思わなくって、話してるうちに、みんなが補完してくれるし、「どうしてだろう？」っていう話になるんじゃないのかな。それを「ちゃんとしなきゃ」が強いから、みんな発せなくなるんじゃないかと。みんな信じないかもしれないけど、私は小学校の時、手を挙げるのも嫌だったの。発言するのがいやで。通知表にいつも「手を挙げない」って書かれてたの。

堅田　絶対嘘ですよね。冗談ですよね。

広瀬　（笑）。

桜井　だけど、これはヤバいって思ったら、話すようになる。

堅田　なんで手を挙げるのいやだったんですか？

桜井　恥ずかしい。先生は答えを知ってるくせに聞いて、おかしい。

堅田　なるほど、それはわかる気がします。「ふざけんな、ぜってえ手なんて挙げねえぞ」みたいな。そういうことですか。

桜井　そんなそんな。もっと消極的な感じでした。

編集部　じゃあ、うまくできないなって思ってても、やばいと思ったら言える。うまく言えなくても、このままじゃまずいって感じた人が、発するということが大事なんですね。

桜井　ねずみ講だよ、桜井ゼミみたいに。

編集部　ねずみ講？

桜井　やばいやばいって言うの。そしたら広がるから。で、みんな伝え出すからさ。

堅田　ねずみ講、いいですね（笑）。

桜井　だから、ひとりじゃない。伝えてつないだ人がどこかに行くから、知らない人がそういう話をどんどんするようになっていくんです。

（この座談会は二〇一九年九月、大阪でおこなった）

※1 イヴァン・イリイチ。一九二六ー二〇〇二年。思想家。著書に『脱学校の社会』(東京創元社)、『シャドウ・ワーク 生活のあり方を問う』、『ジェンダー 女と男の世界』(ともに岩波書店)、『コンヴィヴィアリティのための道具』(ちくま学芸文庫)など。

※2 ジル・ドゥルーズ。一九二五ー一九九五年。フランスの哲学者。『記号と事件ー1972ー1990年の対話』(河出文庫)。

※3 「学校法人きのくに子どもの村学園」。一九九二年、和歌山県橋本市でスタートした、戦後はじめて学校法人として認可された自由な学校。現在は、福井県、山梨県、福岡県、長崎県にも学校ができていて、子どもたちの多くが寮生活を送りながら学んでいる。
http://www.kinokuni.ac.jp/nc/html/htdocs/index.php

※4 『私たちにはことばが必要だ フェミニストは黙らない』(イ・ミンギョン著/すんみ、小山内園子訳/タバブックス)

※5 岩竹美加子(いわたけ・みかこ)。著書に『PTAという国家装置』(青弓社)、『フィンランドの教育はなぜ世界一なのか』(新潮新書)など。

※6 GLOBE「変われ!学校」連続インタビュー⑤
https://globe.asahi.com/article/12709128

※7 岡村達雄(おかむら・たつお)。一九四一ー二〇〇八年。日本の教育学者。専門は教育行財政学。著書に『日本近代公教育の支配装置ー教員処分体制の形成と展開をめぐって』(社会評論社)、『処分論ー「日の丸」「君が代」と公教育』(インパクト出版会)など。

※8 希望社会研究委員会(浜矩子委員長、金井利之、川内博史、木村朗、竹信三恵子、桜井智恵子、山口二郎)の最終報告を書籍化した『希望への陰謀』(現代書館)、貧困と子ども・学力研究委員会(金井利之委員長、上田麻里、堅田香緒里、木村泰子、笹倉千佳弘、下村功、永野仁美)報告書「学力向上論の欺瞞と居場所としての〈学校〉」、教職員の自己規制と多忙化研究委員会(広瀬義徳委員長、青木栄一、藤川伸治、髙須裕彦、藤村裕爾、長野恭子、四方利明)報告書(ともに教育総研ホームページよりダウンロードできる)、能力論研究委員会(菊地栄治委員長、池田賢市、市野川容孝、工藤律子、松嶋健)報告書(太田出版より刊行予定)、など。
教育総研ホームページ
http://www.k-soken.gr.jp/publics/index/45/

連載

モラ鳥編む

第十五回 子どもが嫌いな子ども

日本女子大学大学院生
是恒《これつね》香琳《かりん》

一九九一年生まれ。日本女子大学大学院文学研究科史学専攻に在学。著書に『日本女子大学生の世の中ウォッチ』（パド・ウィメンズ・オフィス）。切り抜き情報誌『女性情報』にて「井戸の果てからこんにちは」連載中。

挿画
小川かなこ

教室という戦場で

「子どもにかえろう」とか「子どもは真っ当だ」といった「子ども」をユートピアか何かみたいに語る言葉には、居心地悪さがある。その「子ども」という役柄から解放された今でこそ聞き流せるようになったが、「子ども」と呼ばれていた頃は「大人ってのんきだよな」とイライラしていた。というのも、私は子どもの頃、「子ども」が嫌いだったからだ。クラスメイトの誰のことも好きになれなかった。自分自身含め、みんな攻撃的で、他人に厳しく、意地悪だった。

小学校時代の思い出といえば、教室の緊張感だ。教室はまるでスポーツの試合会場だった。クラスメイトはボクサーのように戦闘的で、「どちらが上か」という絶えまない大小さまざまの小競り合いが行われていた。敗者はサンドバックにされる。毎日が戦争だ。

たとえば若白髪が見つかると、「染めているの？」とからかわれた。突然、「レズ」と言われ「菌扱い」されたこともある。男の子の暴力にやり返す女の子はメガネゴリラと呼ばれていた。お母さんがフィリピン人の子は「フィリピン人のくせに」と差別されていたし、肌の黒い女の子は猿というあだ名をつけられていた。ルーズソックスをはいていた子は「援交している」とうわさ話をされてハブかれ、知的障がいの男の子はゴミや雑草を食べさせられていた。相手を撃つように、やたら子どもたちが口にする言葉は「死ね」「殺す」「キモい」「ウザい」だった。

しかし、これらは一方的な暴力かつ、ターゲットが固定化されるような、弱い者いじめではない。からかわれていた子が、次の瞬間、からかう側になっていたりする。暴力の応酬が繰り返されているのだ。


この状況で攻撃から身を守るには、自身も攻撃する側にならなければならない。勝者になるためには、なるだけ意地悪で、抜け目がなく、容赦しない人間であったほうがよい。

お互いにボディーブローを打ち合っているかぎり、教室というリングの上に居られる。しかし、もし試合放棄したいなら、教室から逃げるしかない。

拳で殴り続けるか、逃げるかという二択だ。

子どもは子どもに厳しい

こうした日々を送っていた頃、「子どもは優しい」「子どもは寛容だ」「子どもが無垢だ」といった言葉を聞くたびに、苦々しい気持ちになった。子どもたちが、殴り合いを続けるか逃げるかという状況のなかで踏ん張っていることから目をそらし、自分の信じたいことを信じている大人の身勝手さと傲慢さに腹が立った。

戦場のなかで殴らずに生き延びた、優しく寛容な子どもがいたとすれば、それはその子の恵まれた才能や、血のにじむような抵抗と努力の賜物だ。時に犠牲を払い知恵を振り絞って守り抜かれた優しさなのだ。しかも、殴らないことを選択する勇気は瞬間的にしか成立しない。今日優しくあれても、明日はわからない。だから、自己嫌悪するはめになる。

本当の優しさはそれくらい貴重なものだ。なのに、大人たちは子どもであれば優しさを持っているかのように勘違いする。勘違いしてしまうのは、殴り合う対象から外れていることと、子どもに気を遣ってもらえる立場になりやすいからだろう。

大人に対して優しい子どもが、子どもに対して優しいかは別だ。例えば、学校に来なくなったクラスメイトに出される手紙には、優

しい言葉が並んでいる。だが大抵、中身はない。なぜなら、その手紙は先生や親へのサービスだからだ。評価する大人に対して、子どもは気を遣う。「子どもは優しい」という大人は、子どもから優しさを搾取していることに無自覚だ。

大人たちの拳として

そもそも、子どもたちが繰り出す殴り合いの拳は、大人たちの拳だ。子どもに試合をさせ、逃げることを許さず、拳で殴らせているのは、この社会だ。

たしか、私が小学校六年生の頃だった。「レズ」だと言われ、菌扱いされたことがあった。私は「レズ」の意味を知らなかった。知らない「レズ」というものを理由にいじめられていることに困って、いろんな子に意味をきいてまわった。だが、みんなも実はよくわからないようだった。その話を最近、友だちにしたら、「きっとドラマの『3年B組　金八先生』だよ」と言われた。調べてみると二〇〇一年放送のシーズン6の7話に、「レズ」だと噂されいじめられる話があった。もちろんそれは、いじめはいけないという話だ。

「レズ」事件とドラマの因果関係は不明だ。その上で、もし仮にそうだとすると、子どもたちは、よくわからないまま、この世にあるらしいいじめアイテムとして「レズ」を学び、それを学校でさっそく使ってみたのかもしれない。

ドラマの中の生徒たちがレズビアンを落ち度とするのは、社会が差別していることに則っている。つまり大人たちが差別という拳を振るうから、子どもたちも教室で拳を振るっている。

『金八先生』は当時、画期的なドラマだったのだろう。だが、子どもたちは、「こんな拳の振るい方がある」ということに注目してドラマを見ていた。そうなってしまったのも、ドラマというものが、差別の問題を徹底的に批判することを目的としていない、あくまで楽しいお茶の間の話題になっていたからだ。

もし、殴り合いをやめて差別のない社会を本気で考えていくならば、拳を振るう子どものネタになっている場合ではない。

血のにじむような抵抗と努力をし、それでも拳を振るってしまう自分に苦しむ子どももいる。そこに連なる大人でありたい。

私は「子ども」が嫌いな子どもだった。自分が「子ども」であることが嫌だった。他人に拳を振るわないといけなかったからだ。つまり、子どもが嫌いだったという意味は、拳を振るう「子ども」であることが嫌いだったということなのだ。

表紙のこと

プラムプラムです。今回の表紙のテーマは、昨年秋頃の時事問題を反映したものであることを、予めお断りしておきます。

①汝殺すなかれ、汝奪うなかれetc…。道徳や倫理が、相手が誰であろうと無条件に従うべき権威なのだとすれば、相手が人間でも動物でもそれは守られるべきということになるでしょう。ギリシア哲学から途切れたことのない「動物」と「人間」という議論は、「人間」をどのように定義すべきかという点で、真剣に受け止めるべき問いを多く含んだままであるように思います。②二〇一九年八月、トニ・モリスンが亡くなりました。『ビラヴド』では、圧倒的な無力さのなかで「生きるに値しない生」を強いられた者のその生き様が、物語のモチーフでした。③昨年七月の参院選挙で重度の障害者である国会議員が誕生。④江戸時代に日朝国交回復を祝って来日した「朝鮮通信使」。日韓両国に残る朝鮮通信使に関する記録物が「平和の象徴」として二〇一七年十月、ユネスコの「世界の記憶」に登録されました。⑤チャップリンの映画『キッド』より、子役のジャッキー・クーガン。保護者（親）に対して子役の権利を守るよう義務づけた〈クーガン法〉は、彼の名から取られたもの。⑥〈琉球みやらびこけし〉。⑦日本国の国会議事堂。⑧メディア。「政治的」な「ニュース」の優先順位が「国家」「国民」を受け手として想定しているかぎり、アマゾンやオーストラリアの火災よりもオリンピック日本代表選手の怪我のほうが重要…。⑨香港の雨傘運動。「相手が誰であろうと…」という無条件性は、民主主義の法が公正公平に適用されるための条件でもありました。しかし一方で民主主義とは、相反する条件として、法を逸脱した例外と対話・対峙すべきものでもあります。法は常に正しいものとは限らず、法を批判するような契機がなければ、法をより正義に適うものへと近づけていくことができなくなるのですから。⑩辺野古。沖縄の地方都市における、貧困を背景として、法や世論に頼ることもできぬまま前近代的な（あるいはテンポラルで特異な）共同体に生きるほかない人々を肉薄レポートした打越正行さんの『ヤンキーと地元』（筑摩書房）では、沖縄の建設業に携わる人々が多く登場します。

編集部より

読者モニター募集

読者のみなさまの企画や意見を取り入れたく、モニター会員（一年間）を募集します。年に一～四回のアンケートにお答えください。内容は『教育と文化』の企画へのご意見・ご感想や、特集テーマに関する経験談などです。モニター会員へのご協力のお礼として、『教育と文化』を一冊プレゼントいたします。件名を「教育と文化モニター応募」として、名前、住所、電話番号、職業、年齢をお送りください。

子どもの知恵袋 質問募集

子どもに聞いてみたい相談をお寄せください。相談は四〇〇字以内でお願いします。匿名で掲載させていただきますが、投稿の際は、名前、住所、電話番号、年齢を明記してください。掲載させていただく場合、ご連絡いたします。

すべての宛先

〒一〇一-〇〇〇三 東京都千代田区一ツ橋二-六-二
日本教育会館内
TEL 〇三-三二三〇-〇五六四
FAX 〇三-三二二二-五四一六
Eメール kyoikusoken@k-soken.gr.jp
教育総研 『教育と文化』編集部 宛

あとがき

『「民意」研究委員会報告書〜政治的態度のつくられ方の研究』は書籍化されて五月頃に本屋さんに並ぶ予定です。ここにもくじを紹介しておきます。

●序章「民意」という研究対象／工藤宏司

●第一章 自律的な「主体化」という政治的態度―学校はいかに関わってきたか／桜井智恵子

●第二章 学校の自由を開く―教育の「政治的中立性」確保の誤解を解いて／広瀬義徳

●第三章 政治的態度の剥奪／柳沢文昭

●第四章 多数決は「民意」を反映するかという議論と学校／水岡俊一

●第五章 沖縄「沈黙の民意」を生み出すもの／工藤宏司

●第六章〈声〉の政治／堅田香緒里

東日本大震災と原発事故から九年が経とうとしています。小学五年生を担任する福島の先生から「当時三歳で外遊びもできないまま、がまんを強いられてきた子どもたちはいま、本音を言わない子に育っている」と聞きました。封じられた声が発せられる日を思って、今号の特集を編み終えます。

編集部 いとうふみか

次号のお知らせ

教育と文化 98 号　2019 Winter

アディオス！ 能力主義（仮題）

2020 年 3 月下旬発行予定

教育と文化通巻 97 号
2020 年 3 月 10 日発行
編集人　菊地栄治
編集　一般財団法人 教育文化総合研究所
デザイン　PLUMP PLUM（プラム・プラム）

発行人　則松佳子
発行　（株）アドバンテージサーバー
東京都千代田区一ツ橋 2-6-2 日本教育会館
TEL 03-5210-9171
FAX 03-5210-9173
URL https://www.adosava.co.jp/
印刷　シナノ印刷株式会社
ISBN　978-4-86446-067-5　C3037

BACK NUMBER

バックナンバーを手にとってみてください。全国の書店、発行元「アドバンテージサーバー」からも購入いただけます。

教育と文化 95

特集　Youth against establishment
――子ども・若者の体制への抵抗

○対談　若者と革命　斎藤幸平×桜井智恵子　○「反・反基地」という抵抗　佐藤学　○インタビュー　社会学者・工藤宏司さんに聞く 「反・反基地」の背景にあるもの
○対談　ひきこもることで何に抵抗しているのか　都いずみ×勝山実　◇イラスト タタン
◇連載　○モラ鳥編む　是恒香琳 / 挿画 小川かなこ　○世界の子どもの一日　日本・朝鮮学校　根岸弓　○私の本棚　佐野利男

教育と文化 96

特集　悩めるおとなに子どもが答える
子どもの知恵袋特集

○悩めるおとなに子どもが答える　子どもの知恵袋 SPECIAL
○まんが　子どもの知恵袋「さもなくば死刑」といわれて　回答者　はっちゃん　作画　タタン　○知恵袋、私はこう読む　原ひとみ　池田賢市
◇連載　○子ども・教育政策W atch　里見宏　○私の本棚　はさん
◇新所長就任のごあいさつ　菊地栄治

教育と文化 93

特集　学校の安全と安心

○教育総研「企画・編集会議」座談会　教育と学校　おとなと子ども　安全安心と自由と自律　堅田香緒里・桜井智恵子・金井利之・名古谷隆彦
○座談会　教職員の多忙化、根本的解決のために―「教職員の自己規制と多忙化」研究委員会が解き明かしたこと　四方利明・長野恭子・広瀬義徳・川崎琴音・鈴木さやか　司会 桜井智恵子
◇連載　○子どもの知恵袋　○私の本棚　田口康明

教育と文化 94

特集　学校の安全と安心II

○リスク社会と安全安心―原発事故、自然災害、労働環境……　山口幸夫×金井利之
○対談　子どもの安全安心と生の保障―危険を冒す権利とリスクの回避をめぐって　星加良司×堅田香緒里
○インタビュー　公衆衛生学博士・里見宏さんに聞く　そもそも安全とはなにか？ ―医食の根底を支える科学技術の危険性　里見宏　（聞き手／編集部）